『創価学会教学要綱』の欺瞞を破す

―教義改変の実体―

はじめに

令和五（二〇二三）年十一月十八日、創価学会は『創価学会教学要綱』を発刊した。そこには、かつて創価学会が日蓮正宗の信徒団体であったとは到底思えない数々の邪義・邪説が述べられている。

今から十年前の平成二十六（二〇一四）年十一月、創価学会は会則の教義条項を改変し、

「弘安2年の御本尊は受持の対象にはいたしません」

（『聖教新聞』平成二六年一一月八日付）

と、本門戒壇の大御本尊への信仰を捨てた。その際、本宗においては破折書『大御本尊への信仰を捨てた創価学会をただす』を発刊し、

「日蓮大聖人を御本仏（ごほんぶつ）と立てながら、大聖人出世の本懐たる大御本尊を放棄するという致命的（ちめいてき）な過ちを犯した創価学会は、それを繕う（つくろう）ため、いくつかの異説を唱えざるをえない状態に至りました。まさしく創価学会は、はてしない矛盾（むじゅん）のスパイラルにおち

いったと言えましょう」（該書―はじめに―）

と指摘したが、今回の『創価学会教学要綱』の内容は、それを如実に顕したものと言える。

平成三（一九九一）年十一月に日蓮正宗から破門され、三十数年を経て、教義的にも信仰的にも大きな矛盾を抱えて窮地に陥った創価学会が、生き残るために新たな理論を立てたのが、この『創価学会教学要綱』である。

本書は、そうした創価学会の詭弁と仏法破壊の邪義を徹底的に破折するものである。

本宗僧俗各位には、本書を精読され、迷える創価学会員を正法に導くため、さらなる折伏弘通に邁進されるよう願うものである。

日蓮正宗　宗務院

目次

凡　例

一、本文中、『創価学会教学要綱』の言い分については、網かけして読者の便宜に供した。

二、引用文献略称は次の通り。

御　書―平成新編 日蓮大聖人御書（大石寺版）
法華経―新編 妙法蓮華経並開結（大石寺版）
御書文段―日寛上人 御書文段（大石寺版）
聖　典―日蓮正宗聖典
歴　全―日蓮正宗 歴代法主全書
六巻抄―六巻抄（大石寺版）
大正蔵―大正新脩大蔵経
御書全集―創価学会 日蓮大聖人御書全集 新版

一、『学会要綱』の「発刊にあたって」の欺瞞を破す

創価学会は、令和五（二〇二三）年十一月十八日発刊の『創価学会教学要綱』（以下『学会要綱』という）において、概略次のような邪説を主張している。

①大乗仏教は釈尊の直説ではないが、法華経は人間主義を明かすので用いる。

②日蓮大聖人は釈尊から法華経の末法弘通を託された上行菩薩の役目を果したのであり、一応「末法の御本仏」と称するが久遠元初の御本仏ではない。

③三大秘法の「本門の本尊」とは特定の御本尊のことではない。したがって弘安二年の本門戒壇の大御本尊は受持の対象としない。

④日蓮大聖人の仏法においては出家・在家の区別はなく、むしろ在家こそが主であり、創価学会が現代の僧宝である。

⑤他宗教を破折するのは時代に合わないので、対話を「折伏」と位置づける。

これらの主張は、大聖人以来の血脈相伝による正統教学を否定するものであり、大聖人の仏法を破壊するものにほかならない。

『学会要綱』の「発刊にあたって」を見てみると、まず、

「（創価学会は）一九三〇年十一月の創立以来（中略）大聖人の教えを現代に展開・実践し、個人の人生や広範な社会に善なる価値を創造することを目指してきました」（一ジペー）

と、創価学会がこれまで価値創造を目指して活動してきたと述べている。

続いて、日蓮正宗との関係について、

「創価学会は、一九九一年十一月二十八日、それまで外護していた日蓮正宗という教団から名実ともに独立しました（中略）日蓮正宗が法主（管長）の絶対性や僧俗差別を強調し、大聖人の仏法の精神から著しく逸脱したため、創価学会は『魂の独立』を果たしました」（同ジペー）

などと、実際には日蓮正宗から破門されたにもかかわらず、詭弁（きべん）を弄（ろう）して会員・読者を欺（あざむ）こうとしている。

次いで、教学の改変について、

「この三十年来、『御書（大聖人の著作）根本』『日蓮大聖人直結』の立場から、大聖人の

仏法の本義に基づき、創価学会の教学を形成してきました」（同ジペー）

と、「御書根本」「大聖人直結」と言いながら、破門以後の三十年間で、七百年来の正統教学を自らの組織に都合の良いように改変してきたことを公言している。

そして、今回の『学会要綱』の発刊は、

「二〇一四年十一月に、創価学会の信仰の実践や実態に即して、創価学会会則の教義条項が改正されましたが、その際、創価学会教学部の見解として、『（日蓮正宗の教義解釈に大きな影響を与えた）日寛上人の教学には、日蓮大聖人の正義を明らかにする普遍性のある部分と、要法寺［出身］の法主が続き、疲弊した宗派を護るという要請に応えて、唯一正統性を強調する時代的な制約のある部分があるので、今後はこの両者を立て分けていく必要がある』（「聖教新聞」二〇一五年一月三十日付）と明示しました。本書は、その課題に対する回答も含めて、現在の創価学会の教学の要綱をまとめたものです」（同ジペー）

と、平成二十六（二〇一四）年十一月の創価学会会則の教義条項変更についての学会教学

部の見解に課題があったので、その回答を示すことが目的の一つであるとしている。その回答とは、

「日寛教学には、御書に基づいて大聖人の仏法の本義を明らかにした日興門流の普遍的な部分と、大石寺が日蓮門下の正統であることを主張した時代的な制約のある部分が混在する。大石寺に伝わる『戒壇の本尊（弘安二年の御本尊）』を他の御本尊よりも優れた究極の御本尊と位置づけて、それを強調したことは、後者に該当するものである。日寛は、『戒壇の本尊』を特別視して、三大秘法を合した『一大秘法』は本門の本尊であり、それゆえに『戒壇の本尊』を『三大秘法惣在の本尊』と名づけると主張した。また、大石寺が授与する文字曼荼羅は『戒壇の本尊』の書写であるとした。しかし、『戒壇の本尊』を特別な御本尊であるとする解釈は、大聖人の御書にも日興上人の著作類にも見られない説である。大聖人は多くの御本尊を顕されたが、それらの御本尊に優劣を定めるような教示は御書に存在しない。教理的には本来、本門の本尊は『弘安二年の御本尊』に限定されるものではなく、末法の衆生のために大聖人御自身が顕された御本尊と、それを書写した御本尊は、すべて根本の法である『南無妙法蓮華経』を具現されたものであり、等しく『本門の本尊』である。

それを踏まえて教義条項が改正されたが、それは、『御書根本』『大聖人直結』の指針のもと、あくまで御書に基づいて大聖人の御真意にかなった解釈を明らかにしたものである」（一四九ジペー）

の箇所であろう。

つまり『学会要綱』では、日寛上人が戒壇の大御本尊を三大秘法の随一、宗旨の根源とされたのは、「要法寺［出身］の法主が続き、疲弊した宗派を護るという要請に応えて」言い出したことであり、「大聖人の御書にも日興上人の著作類にも見られない説である」というのである。ここには、大石寺が要法寺との通用によって疲弊したということと、日寛上人によって戒壇の大御本尊が特別視されるようになったという、二つの事実に反する妄言が含まれている。

要法寺は、日目上人の弟子の日尊師を開基とする京都の寺院である。安土桃山時代末から江戸時代の前半にかけて、大石寺と要法寺は通用関係にあり、第十五世日昌上人から第二十三世日啓上人までが要法寺系の寺院で出家し、のちに大石寺の御歴代上人になられている。大石寺と通用を結ぶ前の要法寺には、広蔵日辰という造仏や一部読誦を主張する者がおり、『学会要綱』では、そのような要法寺から御歴代上人が出たことで、大石寺は疲弊したと言いたいのであろう。

しかし『学会要綱』の言うような事実はない。これらの御歴代上人は皆、御登座前に大石寺の法義を研鑽して心肝に染め、御登座以後は大聖人以来の血脈に基づく正法正義によって門下を董（とう）せられたのであり、大石寺の清流にいささかの動揺もなかったのである。

現に、出家される前の日寛上人は、要法寺出身の第十七世日精上人の謦咳（けいがい）に触れて大石寺に帰依している。また、日寛上人より直々に血脈を付嘱せられた第二十八世日詳上人は、要法寺系の寺院で得度された方である。日寛上人は、広蔵日辰の邪義を破折されたが、要法寺との通用に弊害を感じてなどおられなかったのである。

次に、本門戒壇の大御本尊をもって大聖人出世の本懐、宗旨の根源の法体とすることについても、のち（本書六六ページ参照）に述べるように、大聖人の『聖人御難事』（御書一三九六ページ）、日興上人の『日興跡条々事』（同一八八三ページ）、第十四世日主上人の『日興跡条々事示書』（歴全一―四五九ページ）等を拝せば、それが大聖人・日興上人以来の宗是として受け継がれていることは明白であり、それを日寛上人が言い出したなどというのは、何も知らない会員を欺くための暴論である。

また『学会要綱』では、

「一九九三年以来、創価学会は日寛書写の御本尊を会員に授与しているが、それは、日蓮大聖人と日興上人の真意に則った『本門の本尊』であるからである」（同ページ）

と、本門戒壇の大御本尊を否定しながら、日寛上人が本門戒壇の大御本尊を御書写した御本尊を複製し、「日蓮大聖人と日興上人の真意に則った『本門の本尊』である」と強弁する。

現在、創価学会は第六十四世日昇上人御書写の通称「慈折広布の御本尊」を、東京信濃町にある創価学会総本部の広宣流布大誓堂に安置して拝んでいるが、当然この御本尊も「本門戒壇の大御本尊」を御書写したものである。

総本山第64世 日昇上人

日昇上人は創価学会関西本部安置の常住御本尊を書写され、その入仏式（昭和三十年十二月十三日）の折、

「戒壇の大御本尊の御内証を、帯し奉って不

肖日昇六十四世の法主として、御本尊様に信仰をそめておしたため申しあげている御本尊でございまする」

(『聖教新聞』昭和三〇年一二月一八日付)

と仰せられており、「慈折広布の御本尊」もその意義は同じである。そのお心を無視し、根源の戒壇の大御本尊を否定するという自己矛盾をどう説明するのであろうか。

本宗御歴代上人の御書写された御本尊は、すべて戒壇の大御本尊を御書写した御本尊であることを肝に銘ずべきである。

なお、創価学会が教義条項を改変した理由について、『学会要綱』では、

「以前の教義条項は二〇〇二年に規定されたが、宗門との僧俗和合時代に信仰実践に励んできた会員の感情や歴史的な経過を踏まえ、この『一閻浮提総与・三大秘法の大御本尊』とは『弘安二年の御本尊』を指すという説明は変更しなかった。しかし、宗門と決別して

一日、入仏落慶

ながして将来必ず信じさせて給へ仏の御意は法華経なり日蓮が魂は南無妙法蓮華経にすぎたるはなし」と仰せられまするこの戒壇の大御本尊の御内証を、排し奉って不肖日昇六十四世の法主として、御本尊様に信仰をそめておしたため申しあげている御本尊でございまする。願主は大講頭創価学会会長の戸田城聖氏でござい……

『聖教新聞』昭和30年12月18日付

二十年以上が経ち、創価学会員の信仰観がさらに深まっていく中で、大聖人の仏法の本義の上から『本門の本尊』の定義を明確にし（中略）その上で広宣流布を阻む日蓮正宗の総本山にある『弘安二年の御本尊』は受持の対象としないことを明らかにしたのである」

（一四九ページ）

と述べている。つまり、信仰の対象である御本尊という最重要の事柄について、破門後もしばらくは「会員の感情」や「歴史的な経過」によって弘安二年の本門戒壇の大御本尊を用いるとしてきたが、「創価学会員の信仰観がさらに深まっ」たので、「大聖人の仏法の本義の上から」、戒壇の大御本尊を「受持の対象としないことを明らかにした」というのである。この言は、過去の創価学会の在り方が「大聖人の仏法の本義」ではなかったと述べるものであり、あまりにも無慚な話である。事実は創価学会の謗法が増し、より「大聖人の仏法の本義」から外れていっただけのことである。

『学会要綱』の「発刊にあたって」の最後には、

「本書は、その創価教学の現時点における一里塚といえます（中略）今後も、世界の文化・

思想や人類的諸課題を視野に入れ、学問的研究の成果も取り入れながら、時代とともに教学を発展させていくことは、世界に展開する教団としての責任であると考えます」（五ページ）

と、今後も「時代とともに教学を発展させていく」と述べている。創価学会は、破門を「独立」、教学の改悪を「発展」と言い換えて会員を欺（あざむ）いているが、真実を覆い隠すことはできない。

『学会要綱』では「現時点における一里塚」などと言っているが、そもそも宗教として、信仰の対象である本尊や教義が定まっていないということはあり得ない。

日蓮正宗の信徒団体として発足した創価学会は、破門以降、現在に至るまで本尊や基本的な教義を日蓮正宗に依存し、都合よく利用してきた。そのため次々に矛盾（むじゅん）をきたし、それを取り繕（つくろ）おうとしたのが、今回の『学会要綱』なのである。

二、『学会要綱』の大聖人観を破す

【『学会要綱』の主張】

「『法華経』は、過去も現在も、そして未来もまた、釈尊こそがこの娑婆世界の衆生の救済者であるとするのである。これは、諸経典で尊崇されるさまざまな仏を釈尊へ統合するものである」（二八ページ）

「『法華経』において復活・蘇生した、万人の救済という釈尊の真意は、天台大師、伝教大師を経て、日蓮大聖人によって、末法の一切衆生を救う仏法として継承・確立されたといえる」（三六ページ）

「日蓮大聖人は、末法の衆生の救済を釈尊に代わって行う『末法の教主』」（四七ページ）

1、釈尊が主、大聖人が従とする学会の誤り

『学会要綱』では、日蓮大聖人を釈尊に代わって法華経を弘通した方であるとし、釈尊が主で大聖人が従であるかのように述べている。

また『学会要綱』では、

「末法の人々が成仏する方途は、大聖人が示された『南無妙法蓮華経』の三大秘法である。ゆえに、創価学会では、末法の万人成仏の法を明かした『教主』であるという意義から、大聖人を『末法の御本仏』と仰ぐのである」（九五ジペー）

とし、この部分に注を付して、

「日蓮正宗の教学では、『御本仏』という表現には、日蓮大聖人が根本の仏であり、久遠実成の釈尊も、その仮現（垂迹）であるという含意があるが、創価学会では、『末法という現在において現実に人々を救う教えを説いた仏』という意味で、大聖人を『末法の御本仏』と尊称する」（一八七ジペー）

と述べ、創価学会では大聖人を「現実に人々を救う教えを説いた仏」という意味でのみ捉え、本宗における日蓮大聖人が久遠元初の御本仏であるという義を否定している。そのう

えで「末法の御本仏」と称する理由について、

「日蓮大聖人は（中略）末法の万人成仏の方途を確立されました。この実践はすべての人に可能であり、仏教を真に万人に開かれたものとする画期的な意義を持つものでした。その偉業を尊崇し、創価学会では日蓮大聖人を『末法の御本仏』として仰いでいます」（三ページ）

「日蓮大聖人は、末法の衆生の救済を釈尊に代わって行う『末法の教主』として、あらゆる大難を勝ち越えて、末法の万人成仏の道を現実に開き残された。その偉業を仰ぎ、創価学会では、日蓮大聖人を『末法の御本仏』として尊崇する」（四七ページ）

と、創価学会として大聖人の〝偉業を尊崇〟しての呼称であるという愚説を述べている。

これは久遠実成の釈尊を根本とする釈尊本仏義であり、大聖人を「根本の仏」「末法の御本仏」そのものと拝してきた創価学会のこれまでの信仰を、全否定するものである。

さらに『学会要綱』では、

「日寛教学には、御書に基づいて大聖人の仏法の本義を明らかにした日興門流の普遍的な

「部分と、大石寺が日蓮門下の正統であることを主張した時代的な制約のある部分が混在する」（一四九ページ）

と、日寛上人の教学には普遍性のない、時代的に制約のある内容が含まれていると述べているが、日蓮大聖人が久遠元初の御本仏であるということについても「時代的な制約のある部分」と言いたいのであろう。その証拠に『学会要綱』では、「久遠当初」「久遠元初」等の文言を一切使用していない。

しかし、日寛上人が大聖人を久遠元初の自受用身であると示されたのは、『百六箇抄』等の御文を解釈されたものであり、日蓮大聖人・日興上人以来の御相伝の法門である。したがって、そこに「時代的な制約」などあるはずがない。

『学会要綱』がこれを否定するのは、大聖人とて凡夫であり、仏と衆生の間には本来能所の筋目などないと言いたいためである。これこそが創価学会のいわゆる「人間主義」であり、摧尊入卑（さいそんにゅうひ）の悪平等である。

本宗においては、『百六箇抄』に、

「久遠名字已来（いらい）本因本果の主（あるじ）、本地自受用報身の垂迹上行菩薩の再誕、本門の大師日

蓮詮要す」（御書一六八五ジペー）

とあり、また日寛上人がこの御文について『文底秘沈抄』に、

「若し外用の浅近に拠れば上行の再誕日蓮なり。若し内証の深秘に拠れば本地自受用の再誕日蓮なり。故に知んぬ、本地は自受用身、垂迹は上行菩薩、顕本は日蓮なり」（六巻抄四九ジペー）

と御教示のように、古来、御相伝の深義に基づき、日蓮大聖人の外用を上行菩薩の再誕、内証を久遠元初自受用身の再誕と拝すのである。まさしく大聖人こそ久遠元初の御本仏なのである。

かつて創価学会第二代会長戸田城聖氏は、

「南無妙法蓮華経とは久遠元初の自受用報身如来、日蓮とはその久遠元初の自受用報身如来と同じ方です。ですから南無妙法蓮華経日蓮とあるのです。南無妙法蓮華経仏とはすなわち日蓮なり、と読んでもいいのです」（『戸田城聖全集』二―三八ジペー）

「日蓮大聖人様は凡夫のお姿です。凡夫のお姿で

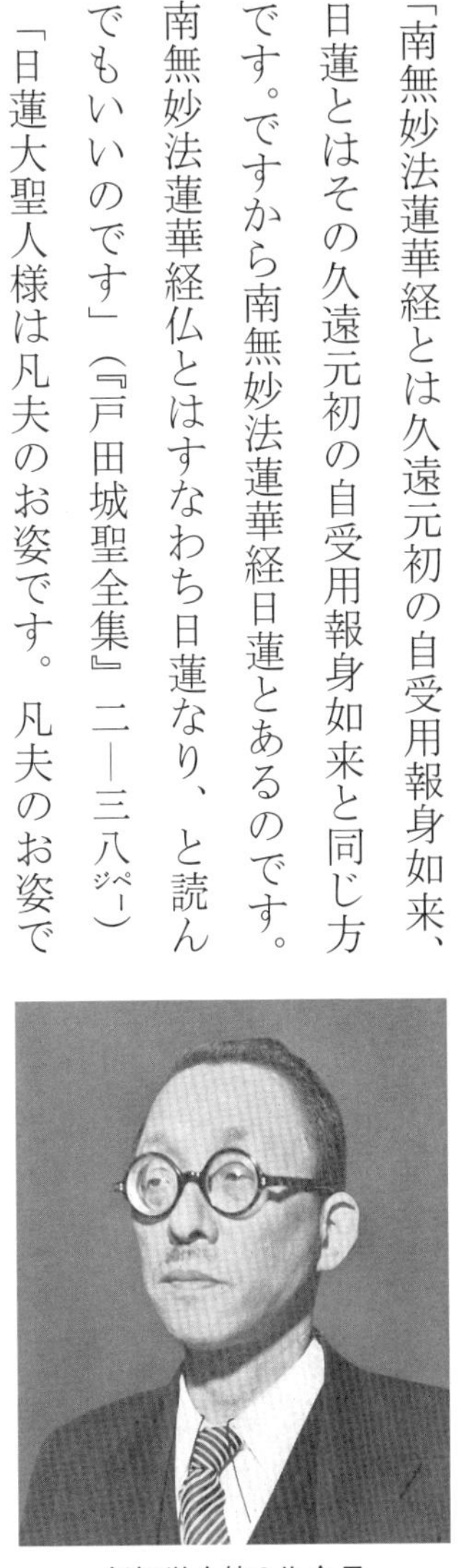
創価学会第2代会長
戸田城聖氏

すから、人法一箇の久遠元初無作三身如来の生命として、そのご生命を人とし、南無妙法蓮華経を法としておしたためになったのです。ご自分は凡夫の姿ですから、この凡夫の立場において、久遠元初の無作三身如来の人法のお姿として拝するのはあたりまえです」（同一五三ページ）

と、大聖人が久遠元初の自受用身・御本仏であると、確信に満ちた指導を行っていた。『学会要綱』では、こうした戸田氏らの過去の発言については、当時として、

「日蓮正宗の教義解釈を尊重」（一ページ）

したものであると言い訳している。しかし、大聖人が久遠元初の御本仏であるという戸田氏の指導が、日蓮正宗の信仰者たる戸田氏自身の信念に基づくものであることは誰の目にも明らかである。

なお、『学会要綱』では、

「大聖人は、末法の衆生にとって、仏種を下ろすことが成仏の修行の第一歩になると洞察し、

その仏種こそ『南無妙法蓮華経』であるとされた」（六八ジペー）

と、大聖人の下種の御化導が、「洞察」に基づくものであると主張している。

しかし、末法下種の南無妙法蓮華経とは、『御義口伝』に、

「此の妙法蓮華経は釈尊の妙法には非ず。既に此の品の時上行菩薩に付嘱し玉ふ故なり」（御書一七八三ジペー）

「本尊とは法華経の行者の一身の当体なり」（同一七七三ジペー）

と御教示のように、単なる釈尊の妙法ではなく、末法において大聖人が上行菩薩の再誕として所持される結要付嘱の要法であり、その法体は大聖人が久遠元初の御本仏として証得された人法一箇の南無妙法蓮華経である。大聖人は末法の本未有善の衆生を成仏に導くために本因下種の妙法を説き出されたのであり、それは『学会要綱』でいう「洞察」などということとは全く異なっている。

2、「発迹顕本」に関する意義の改変

『学会要綱』では、

「二つの最大の難を乗り越える中で、大聖人は境涯の大転換を果たされた（中略）竜の口の法難・佐渡流罪の以前と以後（「佐前・佐後」とも称される）において、大聖人の立場が明確に転換していることが示されている（中略）それでは、大聖人は新たにどのような立場に立たれたのであろうか。それは、釈尊から滅後悪世の弘通を託された地涌の菩薩、なかんずくその筆頭である上行菩薩としての役割を果たす立場である」（四三ページ）

と主張している。そして、

「大聖人御自身が、竜の口の法難を契機に、釈尊から『南無妙法蓮華経』を付嘱された上行菩薩の使命に立ち、自らその『南無妙法蓮華経』を覚知したという究極的な自覚に到達されたことを意味する」（七六ページ）

と説明している。

創価学会は、「発迹顕本（ほっしゃく）」の語を用いないばかりか、竜口の法難で明確に転換したはずの大聖人の立場を、「上行菩薩の使命に立ち」「究極的な自覚に到達し」などと、具体的な表現を避け、曖昧かつ不明瞭な説明で誤魔化している。

本宗における「発迹顕本」の意義について、日寛上人は『開目抄文段』に、

「故に知んぬ、『子丑の時』は末法の蓮祖、名字凡身の死の終わりなり。故に『頸を刎ねられぬ』と云うなり。寅の時は久遠元初の自受用身の生の始めなり。故に『魂魄』等と云うなり（中略）名字凡夫の当体、全く是れ久遠元初の自受用身と顕われ、内証真身の成道を唱えたもうなり。故に佐渡已後に正しく本懐を顕わすなり」

（御書文段一六七ジペー）

と御指南であり、また『日蓮正宗要義』には、

「開目抄の魂魄とは久遠元初本仏のそれであり、上行菩薩の迹を払って直ちに久遠の本仏を顕わす末法の発迹顕本であった」（該書一五七ジペー）

「上行菩薩の自覚は既に宗旨建立のときに抱かれたのであり、竜の口の発迹顕本は上行菩薩の外用より内証久遠の仏としての凡夫日蓮の発迹顕本である」（同一八一ジペー）

と説明している。

最近まで学会でも「発迹顕本」について、

「竜の口の法難によって凡身の迹を開かれて、久遠元初自受用報身如来という本地を

顕されたことをいう（中略）この日蓮大聖人の発迹顕本の事実は、同時に日蓮大聖人こそ本因妙の教主・末法の御本仏であるという実証であり、久遠即末法が顕示された」

（『仏教哲学大辞典』第三版平成一二年刊）

と、本宗と同様の解釈をしていたのである。

ところが『学会要綱』では、竜口の法難は上行菩薩の役割を果たす立場を自覚されたにすぎず、「久遠元初自受用報身如来という本地を顕された」とか「本因妙の教主・末法の御本仏であるという実証」ではないとする。

そもそも大聖人は、竜口の法難によって初めて上行菩薩の自覚に立たれたのではない。『御講聞書（おんこうききがき）』に、

「今末法に入（い）りて上行所伝の本法の南無妙法蓮華経を弘め奉る。日蓮世間に出世すと云へども、三十二歳までは此の題目を唱へ出ださゞるは仏法不現前なり。此の妙法蓮華経を弘めて終には本法の内証に引き入るゝなり」（御書一八四四㌻）

とあるように、大聖人は三十二歳の宗旨建立の時より、上行菩薩の再誕として結要付嘱の要法である久遠の本法を唱え出（い）だされたのである。

このように『学会要綱』では竜口の法難における発迹顕本の意義を改変したために、

「日蓮大聖人は、末法の衆生の救済を釈尊に代わって行う『末法の教主』として、あらゆる大難を勝ち越えて、末法の万人成仏の道を現実に開き残された。その偉業を仰ぎ、創価学会では、日蓮大聖人を『末法の御本仏』として尊崇する」（四七ジペー）

「この『南無妙法蓮華経』の文字曼荼羅の御本尊は、大聖人の内面に確立された仏の覚りの境地を顕したものである」（七七ジペー）

「創価学会では、日蓮大聖人を『末法の御本仏』と尊称している。日蓮大聖人は、単に釈尊から託された『南無妙法蓮華経』を弘める菩薩であるにとどまらず、仏と同じ権能を有して、末法の一切衆生を救う教えを説いた教主である」（九一ジペー）

などと、一体、大聖人の立場が「上行菩薩」なのか、「末法の教主」「末法の御本仏」なのか、「仏と同じ権能を有する菩薩」なのか確定できず、支離滅裂なものとなっている。

そもそも『学会要綱』では、大聖人が上行菩薩の再誕であると明言せず、「上行菩薩としての役割を果たす立場」「上行菩薩の働きを行う者」などと曖昧な表現に終始している。

大聖人の御書には、御自身が上行菩薩の再誕であることをはっきりと述べられている箇所は少ない。しかし、『学会要綱』（一七七ジペー）でも引用している文永十一（一二七四）年

十二月所顕の通称「万年救護本尊」の讃文には、

「大覚世尊御入滅後二千二百二十余年を経歴す。爾りと雖も月・漢・日三箇国の間、未だ此の大本尊有さず。或は知って之を弘めず、或は之を知らず。我が慈父仏智を以て之を隠し留め、末代の為に之を残したまふ。後五百歳の時、上行菩薩世に出現して始めて之を弘宣す」（『日蓮正宗要義』一七一ページ）

とある。これこそ、大聖人御自身が結要付嘱の要法としての御本尊を弘通する上行菩薩その人であるとの明確な御教示である。この御文をどう読めば「上行菩薩の役割」「上行菩薩の働き」などといったあやふやなことになるのであろうか。

なお、第五十六世日應上人は、御本仏大聖人を上行菩薩の再誕・垂迹に過ぎないと主張した要法寺の驥尾日守（一八四六―一九〇六）に対し、『弁惑観心抄』を著して、

「そもそも汝日守らは、宗祖をして単に上行の再誕、否、垂迹と唱えることを知るといえども、かつて久遠元初自受用身なることを知らず。汝は宗祖の外用を知るに似たりといえども、いまだかつて内証の深義を知らざるなり。しかるに、かえって我が門の正義を破す。言語道断の邪悪、責めても余りあることなり」（該書一〇二ページ）

と破折されている。その上で、上行菩薩には、①釈尊己身所具の上行、②名異体同の上行、

③久遠の古仏、の三義があり、さらに宗祖大聖人の御身にも、①凡夫の日蓮、②上行再誕の日蓮、③久遠本仏の日蓮、の三義があることを教示されている（同一〇七～一一一ページ）。

本宗においては、大聖人を内証の辺に約して、久遠元初の自受用報身・末法有縁主師親の三徳・本因妙の教主・南無宗祖日蓮大聖人と尊崇するのであり、これは不相伝家が知る由(よし)もない、本宗独歩(どっぽ)の極意なのである。

三、『学会要綱』の法華経観を破す

【『学会要綱』の主張】

「大乗仏教の起源についてはさまざまな仮説があり結論は出ていないが、紀元前後頃から多種多様な大乗経典が編纂されていったことは確かな事実である。その中で、先行する系統の異なる教説を整理・評価して、新しい思想を提唱する経典も誕生した。その一つが、あらゆる衆生が成仏できることを説く『法華経』である」(二四ページ)

1、法華経は釈尊の直説ではないとする妄説

『学会要綱』では大乗仏教の成立について、昨今の仏教学の潮流に乗り、大乗仏教は釈尊の説いたものではなく、部派仏教の後から興(おこ)った一つの思想であるとし、法華経については釈尊滅後に起こった大乗仏教の一つであり、あらゆる衆生の成仏を説く、新しい思想を提唱した経典であると述べている。

その上で法華経をどのように評価するのかについて、

「あらゆる差異を超えて万人成仏を説いた『法華経』は、万人の幸福を願った釈尊の思想と行動を、新たな形で復活・蘇生させたものといえる。創価学会では仏教における『生命の尊厳』『万人の尊敬』の思想を仏法の人間主義と呼ぶと先に述べたが、『法華経』はまさしく、この仏法の人間主義を体現するものであり、万人の幸福の実現という釈尊の願いを正しく説き表した、大乗仏教の真髄ともいうべき経典である」（二七ページ）

と、万人の成仏を説く法華経は、万人の幸福を願った釈尊の思想と合致し、釈尊の教えを新たに復活させたものであり、人間主義を体現し、釈尊の願いを説き表した大乗仏教の真髄であるという。

要するに『学会要綱』では、法華経は釈尊が実際に説いたものではないが、釈尊の精神には適(かな)っているというのである。

こうした言い分は、法華経を正法と立てる以上、全く成り立たない。言うまでもなく法華経は一貫して「釈迦牟尼仏(しゃかむにぶつ)」が説いたものである。

如来寿量品第十六には、

「今(いま)の釈迦牟尼仏は、釈氏(しゃくし)の宮(みや)を出でて、伽耶城(がやじょう)を去ること遠からず、道場に坐(ざ)して、阿耨多羅三藐三菩提を得たまえりと謂えり。然るに善男子、我実に成仏してより已来、無量無辺百千万億那由他劫なり」（法華経四二九ページ）

と、インド応誕の釈尊が成道して法華経を説き、始成正覚を破って久遠実成の仏身を開顕したことが説かれている。法華経が釈尊ののちから興った思想であるとするならば、法華経の教説とは明らかに矛盾する。

法華経の釈尊直説を認めない以上、久遠実成も、上行等の地涌の菩薩も、結要付嘱も、さらには妙法蓮華経の五字までもが虚妄となり、法華経を正法と立てることなど不可能となる。

大聖人は、

「我が師釈迦如来は一代聖教乃至八万法蔵の説者なり」

（『善無畏三蔵抄』御書四三九ページ）

「我等が本師釈迦如来、初成道の始めより法華を説かんと思し食ししかども（中略）先づ権教たる方便を四十余年が間説きて、後に真実たる法華経を説かせ給ひしなり」

（『如説修行抄』同六七一ページ）

等と、諸御書の中で、明確に法華経および諸経は仏の金言、すなわち釈尊が説かれたものと御教示である。
『学会要綱』では、

『御書根本』『日蓮大聖人直結』の立場から、大聖人の仏法の本義に基づき、創価学会の教学を形成してきました」（一ページ）

などと述べているが、その内容たるや大聖人の法門を明確に否定するものである。「御書根本」「大聖人直結」などの主張は全く当たらない。

2、大聖人は法華経の真実を証明

大聖人の「大難四カ度、小難数知れず」といわれる御一期の御化導は、大聖人御自ら法華経の身読（しんどく）であると仰せになっている。

それゆえ『開目抄』に、

「法華経の第五の巻、勧持品（かんじほん）の二十行の偈は、日蓮だにも此の国に生まれずば、ほと殆をど世尊は大妄語の人、八十万億那由他の菩薩は提婆（だいば）が虚誑罪（こおうざい）にも堕ちぬべし（中略）

日蓮なくば此の一偈の未来記は妄語(もうご)となりぬ」(御書五四一ページ)

等と、大聖人がいなければ法華経は妄語になってしまうと仰せられている。

大聖人の忍難弘通のお振る舞いは、法華経の真実を証明するものである。釈尊の真実の経説である法華経によって宗旨を立てるのが日蓮大聖人のお立場であり、大乗仏教全般が釈尊の直説ではないかのように述べる『学会要綱』が、法華経・大聖人に違背することは明白である。

四、『学会要綱』の本尊観を破す

【『学会要綱』の主張】

「日蓮正宗の教義解釈は、相伝（口伝）を重んじ、とくに江戸時代に日寛が形成した教学に依拠している。その日寛教学には、御書に基づいて大聖人の仏法の本義を明らかにした日興門流の普遍的な部分と、大石寺が日蓮門下の正統であることを主張した時代的な制約のある部分が混在する。大石寺に伝わる『戒壇の本尊（弘安二年の御本尊）』を他の御本尊よりも優れた究極の御本尊と位置づけて、それを強調したことは、後者に該当するものである。日寛は、『戒壇の本尊』を特別視して、三大秘法を合した『一大秘法』は本門の本尊であり、それゆえに『戒壇の本尊』を『三大秘法惣在の本尊』と名づけると主張した。また、大石寺が授与する文字曼荼羅は『戒壇の本尊』の書写であるとした。しかし、『戒壇の本尊』を特別な御本尊であるとする解釈は、大聖人の御書にも日興上人の著作類にも見られない説である。大聖人は多くの御本尊を顕されたが、それらの御本尊に優劣を定めるような教示は御書に存在しない。教理的には本来、本門の本尊は『弘安二年の御本尊』に限定されるものではなく、末法の衆生のために大聖人御自身が顕された御本尊と、それを書写した御本尊は、すべて根本の法である『南無妙法蓮華経』を具現されたものであり、等しく『本門の本尊』である」（一四九ページ）

1、自語相違の本尊観

歴代会長による学会の従来の本尊観を列挙すれば、

○牧口初代会長

「御本尊の中、総与の御本尊と称して、大石寺に伝へられる大御本尊を信じ奉る者が正しい信者である」（『牧口常三郎全集』一〇―一五一ページ）

○戸田二代会長

「（南無妙法蓮華経とは）無作三身如来（むささんじんにょらい）すなわち根本の仏様であり、永遠に不変の仏の御名をいいます。末法にはいっては日蓮大聖人様であり、日蓮大聖人

創価学会初代会長
牧口常三郎氏

様御自身所有の、久遠元初のありのままの生命と力とを、大御本尊様にしたためられたのが、法本尊即日蓮大聖人様、人本尊です。すなわち人法一箇であります」

（『戸田城聖全集』二―一一ページ）

「『余は二十七年なり』とは弘安二年十月十二日の総与の御本尊の出現をさしての御おおせであって、このおことばによって本仏出世の御本懐はこの御本尊の出現にある。世の不幸を救う一大秘法はこの本尊にありと信じなくてはならぬ」（同三―九六ページ）

「弘安二年十月十二日の御本尊様が、究極中の究極の御本尊様なのです（中略）争う余地がない。絶対にない」（『大白蓮華』昭和三四年三月号七ページ）

○池田大作

「大聖人の出世の本懐である一閻浮提総与の大御本尊が信心の根本であることは、これからも少しも変わらない」（『聖教新聞』平成五年九月一九日付）

以上のように、三代にわたる歴代会長は、本門戒壇の大御本尊を「出世の本懐」「人法一箇の御当体」「一大秘法」として尊崇し、信仰の根本とすべきことを指導してきた。同様の発言は枚挙に暇がない。特に池田の発言は、学会のいう破門以前の「僧俗和合時代」

ではなく、破門後の指導であることに刮目すべきである。

既に学会は、平成二十六年に「大御本尊を受持の対象としない」と宣言し、大御本尊への信仰を放棄した。さらに今回の『学会要綱』では、大御本尊が根本の御本尊ではないと正式に表明するに至った。一応、大聖人を御本仏と立てながら、出世の本懐たる大御本尊の特別な意義を全否定するという暴挙に出たのである。

しかもその主張の根拠として、

> 「創価学会では（中略）大聖人御自身が顕された御本尊と、それを書写した御本尊は、すべて『本門の本尊』と拝する」（八二㌻）

などと、御書のどこにも説かれていない御託を並べている。要するに学会の本音は、「御本尊はすべて等しい」と言いたいのである。

学会の主張の通りであれば、身延日蓮宗をはじめ他門の寺院所蔵の大聖人直筆の御本尊や、他門の僧侶、あるいは在家が書写した本尊でも、等しく「本門の本尊」として信仰の対象になり得ることになる。

またさらに、

「創価学会員が信仰の対象とするのは、日蓮大聖人の御遺命の広宣流布を事実の上で進める創価学会が受持の対象として認定した御本尊である」（同ジペー）

と、どの本尊を信仰の対象にするかを、大聖人の仏法から退転した在家教団の学会が認定するというのだから、本末転倒、増上慢にも程がある。

このような荒唐無稽な本尊観がまかり通る道理などない。

「弘安二年の十月十二日の大御本尊様のただ一幅なのです。それは戸田二代会長の、程式によりまして、ずうっと出てくるのです。そこから、分身散体の方でも絶対にだめなのです。弘安二年の十月十二日の大御本尊様から出発したものでなければ、法脈が切れてますから、絶対だめなのです」（『戸田城聖全集』四―三五〇ジペー）

との指導からも明らかではないか。今の学会は、自分達にとって都合が悪くなったという理由だけで、信仰の根本たる大御本尊を否定した。たがが外れた以上、教義・信条をコロコロと改変せざるを得ず、自分達が「永遠の師匠」と仰ぐ三代会長の指導をも否定せざるを得なくなったのである。

これについて『学会要綱』では、

「宗門と決別して二十年以上が経ち、創価学会員の信仰観がさらに深まっていく中で、大聖人の仏法の本義の上から『本門の本尊』の定義を明確にし、その上で広宣流布を阻む日蓮正宗の総本山にある『弘安二年の御本尊』は受持の対象としないことを明らかにした」（一四九㌻）

などと嘯くが、それでは大御本尊根本を指導していた歴代会長の信仰観は浅薄であり、それらは大聖人の本義ではなかったとでもいうのか。

破門からの約三十年、信仰の根幹である本尊観を根無し草のように改変する今の学会は、大聖人が、

「諸宗は本尊にまどえり」（『開目抄』御書五五四㌻）

と仰せのままの本尊迷乱の邪宗教と言えよう。

2、大御本尊否定の魂胆

かつての学会は、三大秘法について『教学の基礎』（学会教学部編　昭和六三年刊行）に、

「久遠元初の自受用報身の生命をそのまま一幅の漫荼羅として書き顕されたのが『本門の本尊』（中略）三大秘法といっても、本門の本尊の一大秘法が開かれて三大秘法となっているのです」（該書四一ページ）

「法のうえからいえば事の一念三千即南無妙法蓮華経の御本尊であり、人のうえからいえば久遠元初の自受用報身即末法御本仏日蓮大聖人です。弘安二年十月十二日、日蓮大聖人が出世の本懐として顕された本門戒壇の大御本尊が人法一箇の御当体です」（同四二ページ）

として、一大秘法である本門の本尊から三大秘法が開かれると解説し、その本門の本尊には、法本尊と人本尊の両義が具わり、出世の本懐である大御本尊が人法一箇の御当体であると、大聖人の仏法における正しい教義解釈を明記し、かつ多くの学会員にも指導していた。

ところが今回の『学会要綱』では、「久遠元初」「自受用報身如来」「人法一箇（人法体一）」「人本尊」「法本尊」「事の一念三千」など、従来の教学用語を意図的に一切使用していない。

反対に、

「文字曼荼羅の御本尊は（中略）根本の法である『南無妙法蓮華経』を具現化した『本門の本尊』である」（八〇㌻）
「（大聖人の仏法は）各人の観念の上に構築された人格的存在ではなく『法』を本尊としている」（五〇㌻）

として、人格的存在たる仏の意義を否定する法偏重の謬説を展開しているのである。すなわち学会は、「南無妙法蓮華経」が久遠元初の御本仏の御当体であるという重大な意義を完全に排除している。

その魂胆は至極単純で、学会員の心から大御本尊を忘却させるために、その存在意義を否定したいとの思惑である。それにはどうしても、大御本尊が根本の御本尊であるという意義を打ち消さなければならない。そこで学会は、御本尊は根本の法を顕したものであるから「すべて等しい」という自分勝手な詭弁を弄するに至った。

その自説の正当化のためには、根本の法を初めて覚知された仏の人格的存在が目障りであり、さらに「人本尊」「法本尊」「人法一箇」などの法義によって、大御本尊の正義を精緻に述べ尽くされた日寛上人の教学は、自分達にとって実に都合が悪いのである。

このことは既に学会が、

「日寛教学の一大秘法、六大秘法という用語は、今後用いない」

（『聖教新聞』平成二七年一月三〇日付）

と表明していたことからも明白と言えよう。換言すれば、今回の『学会要綱』は、なんとしても大御本尊を否定すべく、日寛上人の教学を貶めるために無理矢理に作り上げられた欺瞞の書である。今の学会は、なりふり構わず、自らの独善的・排他的な主張にのみ終始しているが、

「日寛上人ほど精密に、しかも忠実に、大聖人の御書をお読みになった方は、いないのである」

（『戸田城聖全集』一―一三四ページ）

との戸田二代会長の言葉を素直に読み、直ちに猛省すべきことを忠告しておく。

就へ

を学会が弘通

分と、要法寺の法主が続き、疲弊した宗派を護るという要請に応えて、唯一正統性を強調する時代的な制約のある部分があるので、今後はこの両者を立て分けていく必要がある。日蓮正宗が完全に大聖人の仏法に違背した邪教と化した今、学会は正統の教団として、世界宗教にふさわしい教義の確立という立場から見直しを行っていく。

その意味で、日寛教学の一大秘法、六大秘法という用語は、今後用いない。

なお、こうした立て分けを行い、日寛上人の教学を見直していくという立場をとったとしても、「日寛上人書写の御本尊」を受持することには何の問題もない。なぜならば「日寛上人書写の御本尊」も根本の法である南無妙法蓮華経を具体的に現された「本門の本尊」であるからである。

これに関連して、なぜ「日寛上人書写の御本尊」を受持しながら、「弘安2年の御本尊」を受持しないかといえば、「日寛上人書写の御本尊」も「弘安2年の御本尊」も等しく「本門の本尊」であるが、「弘安2年の御本尊」は、大謗法と化した他教団の大石寺にあるから、受持の対象としないということである。

『聖教新聞』　平成27年1月30日付

3、一大秘法の実体は「本門戒壇の大御本尊」

末法の衆生を成仏に導く根本の本尊について、大聖人の広汎な御書中には、

「一大秘法」(『曽谷入道殿許御書』御書七八二ページ)

「三大秘法」(『三大秘法抄』同一五九五ページ等)

「本門の本尊と四菩薩・戒壇・南無妙法蓮華経の五字」(『法華行者値難事』同七二〇ページ)

「法華経の題目を以て本尊とすべし」(『本尊問答抄』同一二七四ページ)

「本門の教主釈尊を本尊とすべし」(『報恩抄』同一〇三六ページ)

など、多様な御教示が拝される。これらの御文を我意我見に任せて解釈すれば、不相伝の日蓮宗各派のように、異義蘭菊の様相を呈するのみで、大聖人の御正意に到達することは全く不可能である。

日寛上人は『法華取要抄文段』にこれらの御文を挙げた上で、

「一大秘法と云うは即ち是れ本門の本尊なり。此の本尊所住の処を本門の戒壇と名づけ、此の本尊を信じて妙法を唱うるを本門の題目と名づく。故に分かちて三箇の秘法とするなり。又本尊に人有り、法有り。戒壇に事有り、理有り。理は謂わく、義理なり。題目に信行有り。故に開して六義と成す。此の六義、散じて一代五十年の説法と

成り、又蓮祖一期の弘法と成る」（御書文段五三九ページ）

と指南され、中心である一大秘法の本門の本尊を開くと三大秘法となり、さらに本尊は「人」と「法」、戒壇は「事」と「義（理）」、題目は「信」と「行」とに開かれて六大秘法となり、さらにそれが大聖人の一期御化導の全体へと通じていくことを示されている。

すなわち日寛上人は、大聖人以来の血脈相伝の極理に基づき、御書全体に教示される義理を忠実に会通して、三大秘法開合の相を教示されたのである。事実、御書の全体を拝すれば、六大秘法のいずれかを説示されている。六大秘法とは、大聖人の御化導全体の所詮の理を六義に要括された法門である。

御書に六大秘法の語がないから用いないというのは、「一念三千」の語が法華経の文面にないから用いないと言っているのと同じで、仏法の何たるかも知らない暗者の発想と言えよう。

また『学会要綱』は、

> 「創価学会では、大聖人が覚知し説き示された一大秘法である『南無妙法蓮華経』を法宝として尊崇」（一五八ページ）

「御書に『一大秘法』を教示されているのは『曽谷入道殿許御書』のみであるが、そこでは『妙法蓮華経の五字』を一大秘法としている」（一九三ページ）

と述べ、あくまでも一大秘法は「南無妙法蓮華経」の題目であると主張する。要するに学会は、「一大秘法が本門の本尊であるという日寛上人の解釈は御書にはない」と言いたいのである。

しかし、御書中には「一大秘法」と同義の「一大事の秘法」の名称が『富木入道殿御返事』（御書四八七ページ）、『南条殿御返事』（同一五六九ページ）に拝される。

特に『南条殿御返事』では、

「教主釈尊の一大事の秘法を霊鷲山にして相伝し、日蓮が肉団の胸中に秘して隠し持てり。されば日蓮が胸の間は諸仏入定の処なり、舌の上は転法輪の所、喉は誕生の処、口中は正覚の砌なるべし。かゝる不思議なる法華経の行者の住処なれば、いかでか霊山浄土に劣るべき。法妙なるが故に人貴し、人貴きが故に所尊しと申すは是なり」（同ページ）

と、「一大事の秘法（一大秘法）」たる妙法蓮華経とは、人格的存在たる御本仏大聖人の御当体に即する法体であることを明示して、法に人が具わり、人に法が具わる意義を説き明

かされている。同様の文義はほかにも『御義口伝』に、

「本尊とは法華経の行者の一身の当体なり」（同一七七三ジペー）

「無作の三身とは末法の法華経の行者なり。無作三身の宝号を南無妙法蓮華経と云ふなり。寿量品の事の三大事とは是なり」（同一七六五ジペー）

と、法即人・人即法の意義が具わる本尊の体から、「寿量品の事の三大事（三大秘法）」が開かれる旨を御教示である。さらに『観心本尊抄』には、

「其の本尊の為体、本師の娑婆の上に宝塔空に居し、塔中の妙法蓮華経の左右に釈迦牟尼仏・多宝仏」（同六五四ジペー）

と、結要付嘱の法体たる妙法蓮華経の実体として、遺付の本尊（本門の本尊）の相貌を明かされている。

そのほか、『法華取要抄』『報恩抄』『三大秘法抄』などの御書でも、三大秘法を順次示されるなか、常に本門の本尊を第一に説かれることからも、本尊が三大秘法の中心である意義が拝される。

これらの御書の内容を要括して、日寛上人は、

「三大秘法を合すれば則ち但一大秘法の本門の本尊と成るなり。故に本門戒壇の本尊

を亦は三大秘法総在の本尊と名づくるなり」(『依義判文抄』六巻抄八二ページ)

と教示されているのである。すなわち、もともと一大秘法の本門の本尊に三大秘法がそのまま具わるのであり、一大秘法たる本門の本尊を開けば三大秘法となり、三大秘法を合すれば一大秘法の本門の本尊に納まる。そしてこれらの化導の実体は、大聖人出世の本懐、究竟中の究竟の御本尊である本門戒壇の大御本尊に尽きる故に、大御本尊を三大秘法総在の御本尊と称するのである。これが御書に示される本義であり、大御本尊こそ三大秘法の意義が総在する中心法体にして、一大秘法そのものにほかならない。

大聖人の仏法においては、大御本尊を離れた「一大秘法」や「南無妙法蓮華経」は存在し得ない。ことさらに学会が「根本の法である南無妙法蓮華経」などと主張することは、題目を中心に三大秘法を論ずる日蓮宗の亜流と言えよう。さらにいえば、大聖人の仏法からかけ離れた実体なき観念論であり、仏法とは似ても似つかぬ天魔外道の説である。

4、人法一箇を否定する大罪

前述のように、今回の『学会要綱』では、御本尊に具わる「人法一箇」という重要義を敢えて排除した。しかし、大聖人の御書全体の文意を正しく拝せば、大聖人所顕の本門の本尊に「人本尊」と「法本尊」の両義が具わることは明らかである。

すなわち、

「一念三千の法門をふりすゝぎたてたるは大曼荼羅なり」

（『草木成仏口決』御書五二三ページ）

とある、久遠元初の御本仏大聖人の内証たる事の一念三千の法を事相として顕示された大漫荼羅本尊が「法本尊」（人即法）であり、

「寿量品に建立する所の本尊は、五百塵点の当初より以来、此土有縁深厚・本有無作三身の教主釈尊是なり」（『三大秘法抄』同一五九四ページ）

と示されるように、久遠の本法を所持される久遠元初の無作三身・本因妙の教主たる大聖人の御当体こそ「人本尊」（法即人）である。

この人と法の本尊について日寛上人は、

「本有無作の事の一念三千の南無妙法蓮華経を証得するを、久遠元初の自受用身と名づくるなり。此の時、法を尋ぬれば人の外に別の法無し、人の全体即ち法なり。此の時、人を尋ぬれば法の外に別の人無し、法の全体即ち人なり。既に境智冥合人法体一なり」（『観心本尊抄文段』御書文段二〇二ページ）

と、仏法の本源である久遠元初の成道においては、事の一念三千の南無妙法蓮華経を悟られた仏の人格（久遠元初自受用身）と、所証の妙法が本来一体、人法一箇（人法体一）であると御指南である。

久遠元初の御本仏は、末法の法華経の行者・日蓮大聖人として出現し、一切衆生の成仏のために御本尊を建立された。そして大聖人は、人即法・法即人の人法一箇の御自身の内証を、御本尊中央の「南無妙法蓮華経　日蓮」として顕示され、また、大聖人の一念に具わる十界互具・一念三千を、御本尊左右の十界として示されたのである。

このことから日寛上人は、

「本門の題目、其の体何物（なにもの）ぞや。謂（い）わく、本門の大本尊是れなり。本門の大本尊、其の体何物ぞや。謂わく、蓮祖大聖人是れなり」（『当流行事抄』六巻抄二〇〇㌻）

と説示されている。つまり「南無妙法蓮華経」とは、そのまま人法一箇の大御本尊であり、大御本尊はそのまま大聖人の御当体にして、三世常住の御本仏そのものである。

しかも、これは日寛上人独自の教学ではない。すなわち、日興上人の御消息には、

「法花聖人の御宝前」（歴全一―一二一㌻）

「仏（ほとけ）聖人の御座候座（おわしましそうろうざ）」（同一七七㌻）

などと、弟子檀那よりの御供養を大聖人の御宝前にお供えした旨の御教示がある。また、第九世日有上人の『化儀抄』にも、

「当宗の本尊の事。日蓮聖人に限り奉るべし」（聖典一二〇九ページ）

とお示しのように、大漫荼羅本尊を御本仏大聖人と拝信することこそが、大聖人の仏法の根幹をなす教義・信条なのである。

今回、学会は大御本尊の否定のみならず、自分達の都合で「人法一箇」の意義を放棄し、御本尊を大聖人の御当体と拝する信心をも捨て去った。

「創価学会では、日蓮大聖人を『末法の御本仏』として尊崇する」（四八ページ）

などと言葉の上では述べているが、その実際の所業は、大聖人を蔑ろにし、御書の御教示にもことごとく違背しているのである。

「我が一門の中でも、信心が浅薄で、大聖人の仰せに背いて信心を貫き通せない人々は、かえって仏罰を蒙る」（『四条金吾殿御返事』御書一一七八ページ・趣意）

との大聖人の呵責は、現在の学会にこそ符合する。いまや「人法一箇」を否定する学会に

「大聖人の一門」を名乗る資格はなく、その実体は大聖人を利用、悪用する仏敵の集団にほかならない。

5、学会の主張は日蓮宗と同一轍

学会の現会長原田は、今回の『学会要綱』について、
「（日蓮正宗の）教義と完全に決別し、学会こそ唯一正統な教団であることを明確に示すための一書」（『聖教新聞』令和五年一一月一日付・趣意）
などと大見得を切ってみせた。

また『学会要綱』の「発刊にあたって」には、学会が平成二十六年十一月に、会則の教義条項を改変（「弘安二年の御本尊」を受持の対象としないと宣言）した際に発表した見解を挙げた上で、

「本書は、その課題に対する回答」（二ページ）

にすることは、今や世界教団としての責務であります。

　さらに「魂の独立」から30年以上が経過し、独善的・差別的な日顕宗教義とは完全に決別し、〝「御書根本」「大聖人直結」の創価学会こそ、日蓮仏法の唯一の正統な教団である〟ことを明確に示すための一書が、このたびの『教学要綱』であります。

　内容は第1章「仏法の人間主義の系譜」、第2章「日蓮大聖人と『南無妙法蓮華経』」、第3章「一生成仏と広宣流布・立正安国」、

『聖教新聞』　令和5年11月1日付

とすこぶる鼻息が荒い。しかし『学会要綱』にまともな〝回答〟など見当たらない。それらしきものを挙げれば、

「大聖人は単一の御本尊だけが正統であるといった教示はされていない。日興上人は特定の御本尊ではなく、大聖人が顕された御本尊すべてを等しく尊重された。学会では、日興上人の御精神に則り、大聖人御自身が顕された御本尊と、それを書写した御本尊は、すべて『本門の本尊』と拝する」(八二ジペー・趣意)

「教理的には本来、本門の本尊は『弘安二年の御本尊』に限定されるものではなく、大聖人御自身が顕された御本尊と、それを書写した御本尊は、すべて根本の法である『南無妙法蓮華経』を具現されたものであり、等しく『本門の本尊』である」(一五〇ジペー・趣意)

ということらしい。これが約十年もかけて用意した〝回答〟とは、そのお粗末さに開いた口が塞がらない。それというのも、現在の学会の本尊観は、以下に掲げる日蓮宗の学者(浅井円道)の思想と同一轍だからである。

「理窟(りくつ)からいえば(中略)観心本尊抄の宗教哲理に支えられ、南無妙法蓮華経を中心

とする十界常住の相が図顕されているならば、たとえ誰が図顕した大曼荼羅であろうとも同質でなければならぬ筈(はず)である」

（「創価学会の出現と問題点」『近代日本の法華仏教 法華経研究Ⅱ』一七四㌻）

これは昭和四十三年の刊行書で創価学会を批判したものであるが、表現の違いはあれども、現在の学会の主張とまったく同じ内容である。学会は「小樽問答」に代表される自らの歴史において、身延日蓮宗をはじめとする日蓮各派に対し、「不相伝家の邪義」「大謗法」などと責め、大御本尊の正義を訴えてきたのではなかったのか。

今の学会は、日蓮正宗が憎いあまりに、自分たちが破折してきた日蓮宗と同じ次元に堕したのである。自分達が折伏してきた相手の説を猿真似し、それを臆面もなく主張するに及んでは、すでに学会執行部は悩乱していると評せざるを得ない。

6、支離滅裂な御書解釈

このほかにも、今回の『学会要綱』には、学会が不相伝の日蓮宗と同じか、あるいは故意がある分、より悪質な邪教へと成り下がったといえる証拠がまだある。それは『学会要綱』がわざわざ多くの分量を割く、『観心本尊抄』と『報恩抄』の御書解釈である。

①　『観心本尊抄』の誤った解釈

『観心本尊抄』の、

「是(か)くの如き本尊は在世五十余年に之(これ)無し、八年の間但(ただ)八品に限る。正像二千年の間は小乗の釈尊は迦葉(かしょう)・阿難を脇士(きょうじ)と為(な)し（中略）此等の仏をば正像に造り画(えが)けども未(いま)だ寿量の仏有(ましま)さず。末法に来入して始めて此の仏像出現せしむべきか」（御書六五四ページ）

との御文中の「寿量の仏」について『学会要綱』では、

「『法華経』本門寿量品における釈尊」（七八ページ）

と述べて、「寿量の仏」を法華経の本門寿量品の釈尊（上行等の四菩薩を脇士とする久遠実成の釈尊）のことと規定し、さらにその「寿量の仏」そのものを本尊とするのではないと述べている。

それでは学会は、同様の趣旨を示された次の御文をどう会通(えつう)するのか。

「仏滅後二千二百二十余年、今に寿量品の仏と肝要(かんよう)の五字とは流布せず」

(『富木殿御返事』御書六七九ページ)

「一閻浮提の内に法華経の寿量品の釈迦仏の形像をかきつくれる堂塔いまだ候はず。いかでかあらわれさせ給はざるべき」(『宝軽法重事』同九九〇ページ)

「月支・漢土・日本国の二千二百卅余年が間の寺塔を見るに、いまだ寿量品の仏を造立せる伽藍なし、精舎なし」(『本門大法御書』同一五九七ページ)

これらの文意は明らかに、正像二千年に未だ顕れていない「寿量品の仏」が、末法流布の本尊として出現する旨を教示されている。

この「寿量(品)の仏」の語を、久遠元初の名字の本仏ではないと否定し、久遠実成の釈尊とする学会の解釈に当てはめれば、身延日蓮宗と同じく、色相荘厳の釈尊像造立を容認することになるではないか。

学会は、言葉の上では「文字曼荼羅の御本尊」と言いながら、大聖人の仏法の肝要たる種脱相対、いわゆる、在世と末法、脱益と下種における法体の相違を混乱するという、致命的な誤りを犯している。

すなわち本門寿量品には、大聖人が、

「本門に於て二の心有り」(『法華取要抄』同七三四ページ)

と仰せの通り、在世の文上脱益と、一重深く立ち入った末法の文底下種という二意が存する。その上で『観心本尊抄』の「寿量の仏」および上掲の御書の御文の御正意を拝せば、これらはすべて寿量品文底下種の法即人の御本尊を表示されているのである。

要するに、『観心本尊抄』に説かれる「末法出現の仏像」とは、久遠元初の自受用身・末法下種の御本仏たる大聖人の出現を示されたものであり、人法一箇の意義の上から大聖人が御本尊を建立あそばすことを指すのである。

このことは当然、学会も承知しているはずであろう。戸田二代会長の『観心本尊抄講義』に、日寛上人の『観心本尊抄文段』(御書文段二四三ページ)の御指南を正しく拝して、

「なぜいま『寿量の仏・此の仏像』等というのであるかというに、これは人法体一の深旨をあらわしているのである。まえには人即法に約して本尊の為体(ていたらく)を明かし、いまは法即人に約して末法出現を結するのである。しかして究極においてはその人法が体一である。いわく、まえに明かすところの本尊の為体はまったくこれ久遠元初自受用身の当体の相貌(そうみょう)であるゆえに、いま『寿量の仏・此の出現』というのである」

(『戸田城聖全集』七―二一九ページ)

と解釈していたことからも疑う余地はない。

しかるに学会は、『観心本尊抄』の御正意を知りながら、敢えて解釈を改変したのである。

②　『報恩抄』の誤った解釈

『報恩抄』の、

「本門の教主釈尊を本尊とすべし。所謂宝塔の内の釈迦・多宝、外の諸仏並びに上行等の四菩薩脇士となるべし」（御書一〇三六ページ）

との御文についても、『学会要綱』では恣意的に解釈を変更し、

> 「『本門の教主釈尊を本尊とすべし』とは、『法華経』本門における釈尊が多宝仏、四菩薩などとともに脇士となる文字曼荼羅の御本尊を『本門の本尊』とすることであると解釈できる。文字曼荼羅の御本尊は、釈尊を久遠実成の仏ならしめた根本の法である『南無妙法蓮華経』を具現化した『本門の本尊』なのである」（八〇ページ）

などと述べている。学会は当文の「本門の教主釈尊」を、あくまでも久遠実成の釈尊（いわゆる色相荘厳の在世の釈尊）のことと解釈しているが、これもまた不相伝の他門日蓮宗

と同様の解釈である。さらにここでも学会は、人本尊の意義を完全に無視して、「根本の法」を強調する法偏重(ほうへんちょう)の邪論を展開している。

以前の学会は、池田著の『日蓮大聖人御書十大部講義 第五巻 報恩抄』によれば、

「『本門の教主釈尊を本尊とすべし』とある。これは人本尊を示されたものである。教主釈尊には多くの義があり(中略)いまここにおおせの教主釈尊とは、本門寿量品文底下種の釈尊である。すなわち久遠元初の自受用身であらせられ、末法に日蓮大聖人と御出現の教主であらせられるのである。色相荘厳の在世の釈尊は、法勝人劣であるが、久遠名字の教主釈尊は、人法一箇であらせられる。ゆえに本尊となすところの教主釈尊とはまた、事行の一念三千の大曼荼羅であらせられるのである」

(該書五―三九〇㌻)

として、日寛上人の『報恩抄文段』(御書文段四六六㌻)の御教示に基づいて、正しい解釈を述べていた。すなわち『報恩抄』の当文は、末法下種の人本尊(法即人)を説かれる明文であり、この「本門の教主釈尊」とは、久遠元初の釈尊(久遠元初自受用報身如来)の再誕たる大聖人を指す。そして、「所謂」以下に示される御本尊の相貌は法本尊(人即法)を明かしているのであり、この御文全体で人法一箇の御本尊を教示しているのである。

以上、『学会要綱』の支離滅裂な御書解釈を見てきたが、従前の解釈との自語相違はもちろんのこと、そこに通底する悪意が見て取れる。

それは、是が非でも「人本尊」「人法一箇」を否定することに強い執著があり、そのために血脈付法の正師である日寛上人の解釈を敢えて捨て去ったのである。

学会の言う「御書根本」とは、不相伝の他門と同じく、自分達の都合に合わせて無理矢理に御書を解釈しているに過ぎない。日寛上人は、御書の意に反して己義を構える徒輩(とはい)を指して、

「蓮祖違背の謗罪、不相伝の大僻見(だいびゃっけん)なり」(『法華題目抄文段』御書文段六六四ページ)

と厳しく批判されているが、今や学会がその責めを受ける立場にあることを知るべきである。

7、大御本尊根本は大聖人・日興上人の御教示に歴然

現存する大聖人御真筆の御本尊は、百三十数幅程とされている。従来の学会は、数多ある御真筆の御本尊のなかでも、弘安二年の大御本尊を大聖人出世の本懐・根本の御本尊として帰命し、その大功徳を享受して発展してきた。故にかつては、

「日蓮大聖人の曼荼羅は数がたくさんある。文永・建治年間にも御本尊の書写はあるが、しかし、まだこの御本尊は大聖人の本懐を尽くしていない。弘安にはいり、特に弘安二年十月十二日ご図顕の大御本尊に初めて大聖人の本懐が究尽されている」
（『折伏教典』改訂二六版二三七ページ）

とあるように、正しい本尊観を述べていたのである。

しかるに『学会要綱』では、

「『戒壇の本尊』を特別な御本尊であるとする解釈は、大聖人の御書にも日興上人の著作類にも見られない説である。大聖人は多くの御本尊を顕されたが、それらの御本尊に優劣を定めるような教示は御書に存在しない」（一五〇ページ）

などと、過去の指導との自語相違など関係なく、無理にでも大御本尊を否定することに躍起である。大御本尊を渇仰恋慕してきた歴史がある以上、大御本尊の意義を葬らなければ、自らの存在理由が消失すると焦っているのであろう。学会の魂胆は、「御本尊はすべて等しい」と強弁して、大御本尊の特別な意義を否定することにある。

しかし、大御本尊の唯一正統は、次に掲げる大聖人・日興上人の御文証に明白である。すなわち、大聖人は『聖人御難事』に、

「仏は四十余年、天台大師は三十余年、伝教大師は二十余年に、出世の本懐を遂げ給ふ」（御書一三九六ジペー）

と、釈尊・天台大師・伝教大師の出世の本懐に至るまでの年数を示されつつ、

「余は二十七年なり」（同ジペー）

と御自身の本懐成就を明示されている。つまり、大聖人は建長五年の宗旨建立から二十七年目の弘安二年に出世の本懐を遂げられたのである。

故に以前の学会は、「出世の本懐」について、右の『聖人御難事』の御文を拝し、

「日蓮大聖人の出世の本懐は一閻浮提総与の大御本尊の御建立であり、弘安二年（一二七九年）十月十二日に成就された」（『仏教哲学大辞典』第三版 平成一二年刊）

日達上人大導師のもと、
奉安殿で大御本尊の御開扉を受ける創価学会員
（昭和36年 聖教新聞社発行『日蓮正宗』）

と、大御本尊御図顕を大聖人の出世の本懐とする正しい意義を述べていた。現在では、

「(弘安二年の)熱原の法難において(中略)『出世の本懐』を達成されたのである」(『教学用語集』一八三ジペー)

などと異説を唱えているが、これは大御本尊否定の邪念に基づく、ためにする意義の歪曲(わいきょく)である。

次に、第二祖日興上人の御教示を拝せば、日興上人は大聖人の御本尊を尊重されるなかでも、特に『日興跡条々事』に、

「日興が身に宛て給はる所の弘安二年の大御本尊は、日目に之を相伝す。本門寺に懸(か)け奉るべし」(御書一八八三ジペー)

と、弘安二年の大御本尊を大聖人から賜り、さらに第三祖日目上人に相伝したことを明示されている。これらは文証だけにとどまらず、道理・現証の上にも歴然たる事実である。

すなわち、第十四世日主上人の『日興跡条々事示書』には、

「大石寺は御本尊を以て遺状と成され候、是れ則ち別付嘱唯授一人の意なり。大聖より本門戒壇御本尊(中略)法体御付嘱なり」(歴全一―四五九ジペー)

と御指南され、また日寛上人が、

『日蓮一期(いちご)の弘法、白蓮阿闍梨(あじゃり)日興に之を付嘱す(中略)血脈の次第　日蓮日興』『日興が身に宛て賜はる所の弘安二年の大本尊は、日目に之を授与す。本門寺に掛け奉るべし』云云。今四百余年に至る。他流は皆是れ似せ薬なるべし」

(『妙法曼陀羅供養抄記』御書文段七〇三ページ)

とお示しのように、三大秘法の御法体である大御本尊は、血脈付法の日興上人に直授相承せられ、爾来(じらい)今日に至るまで、代々の御法主上人によって相伝・厳護されてきた。その尊厳なる歴史的事実の前には、学会のいう「(大御本尊を特別な本尊とする解釈は)大聖人の御書・日興上人の著作類に見られない説」という邪義など、全く成り立たないのである。

8、御本尊の大事は唯授一人の血脈

大聖人御在世当時は、五老僧をはじめ有力檀越(だんのつ)においてさえも大聖人を久遠本仏はおろか上行菩薩の再誕とも拝せず、釈尊を本仏と考え、仏像造立に固執する者が多くいた。そのような状況だからこそ、

「三大秘法其の体如何(いかん)。答ふ、予が己心の大事之に如(し)かず。汝が志無二なれば少し之を言はん」(『三大秘法抄』同一五九四ページ)

との仰せのように、御本尊の御法体に関する大事を門下一般に示すに当たっては、重々の御深慮によりその一分を記述されるのみである。なぜなら、大聖人所顕の御本尊とは御本仏の己心・内証の一大事であり、仏意と機情に分かてば仏意に属する事柄であるのだから、理の当然と言えよう。

このことから大聖人は、

「此の血脈並びに本尊の大事は日蓮嫡々座主伝法の書、塔中相承の稟承唯授一人の血脈なり」(『本因妙抄』同一六八四ジペー)

と説かれるように、下種仏法の極理である御本尊の大事・三大秘法の御法体を、唯授一人の血脈相承をもって、唯我与我の境地に達せられた日興上人にのみ伝えられた。故に、大聖人の御本尊に関する御正意は、大聖人・日興上人以来の血脈を伝持される御法主上人以外、何人も窺い知ることはできないのである。

日寛上人の『観心本尊抄文段』(御書文段一九六ジペー)には、大聖人の御本尊顕発の御化導は、文永・建治期の未究竟に対して、弘安期に至って本懐が究竟する意義を指南されている。すなわち、竜口の法難において顕本された久遠元初自受用身の御内証を御本尊の上に顕されることは大事中の大事であり、その御化導の目的達成のためには、深い仏意に基づく順序段階が存するのである。

このことを第六十七世日顕上人は、御本尊の相貌に関する重々の御相伝のなかから、次の三点に括って御指南である。

「まず第一に、建治まで御本尊様のなかに示されていた善徳仏と十方分身の諸仏が、弘安以降の御本尊様には全部、消除されております。これは、大聖人の御内証において文底本仏の意義を顕し給うものと拝されます。第二には『日蓮』という御署名と御判形が、初めは左右に分かれておりますが、文永のころから徐々に中央に寄り始め、そして建治三（一二七七）年より弘安に至って『南無妙法蓮華経』の首題の真下に示されているのです。すなわち、南無妙法蓮華経も左右の十界も、ことごとく日蓮の所具にあることを顕されるのです。さらに第三には『仏滅後二千二百二十余年』と『三十余年』という讃文が、共に弘安以降に顕示されることより、弘安以後、本懐究竟という重大な法義があるのですが、以上は大聖人様の御内証としての真の寿量の仏様、いわゆる久遠元初の自受用報身の御内証が弘安以降の御本尊の体相として顕されていることが明らかであります。故に、そのところを正しく拝するのは血脈相伝によるのであり、その究竟中の究竟が、弘安二（一二七九）年十月十二日、出世の本懐として

顕し給う本門戒壇の大御本尊であります」（『妙法七字拝仰』上巻三三四ページ）

と御教示の通り、弘安二年の大御本尊に御本仏大聖人の人法一箇の境智が究竟せられ、ここに三大秘法が整足して大聖人の本懐が成就されたことは明らかである。この故に日寛上人は、

「既に是れ三大秘法の随一なり、況（いわ）んや一閻浮提総体の本尊なる故なり」

（『観心本尊抄文段』御書文段一九七ページ）

と、究竟中の究竟たる大御本尊こそが、三大秘法の随一・一大秘法たる本門の本尊にして、一切の御本尊の本体・功徳の根源であり、全世界の一切衆生が受持信行すべき唯一の御本尊であることを御教示なのである。

9、御遺命否定の逆罪

三大秘法総在の大御本尊こそ、大聖人が『三大秘法抄』に、

「霊山浄土（りょうぜんじょうど）に似たらん最勝の地を尋ねて戒壇を建立すべき者か」（御書一五九五ページ）

と御教示のように、御遺命の本門寺の戒壇建立という重大な意義と目的のもとに特別に残された究極の御本尊であり、一期御化導の中心・肝要に他ならない。

大御本尊の特別な意義を否定するということは、広宣流布の暁（あかつき）に本門寺の戒壇を建立せよと御遺命あそばされた大聖人が、その戒壇に安置すべき根本の御本尊を残されずに入滅したと主張しているのに等しい。学会による大御本尊否定は、とりもなおさず、御本仏大聖人の大慈大悲の御化導を虚仮（こけ）にする大謗法であると共に、広宣流布・本門寺の戒壇建立という御遺命をも否定する逆罪である。

日寛上人は『文底秘沈抄』に、

「富士山は是れ広宣流布の根源なるが故に。根源とは何ぞ、謂わく、本門戒壇の本尊是れなり」（六巻抄六八ジペー）

と御教示である。戦後、学会が発展を遂げたのも、その根源には大御本尊の大功徳と血脈付法の御歴代上人の教導があったからである。大御本尊の正義（しょうぎ）を世に弘めなければ、真の広宣流布ではない。今日の学会が大御本尊を放棄したことは、自ら広宣流布の根源を否定したことにほかならない。

第六十六世日達上人は、

「日蓮正宗の教義でないものが一閻浮提に広がっても、それは広宣流布とは言えないのであります」（『日達上人全集』二―六―二九五ジペー）

と御指南されている。つまり、学会がどれだけ広宣流布を口にしようとも、そこに全く大聖人の仏法の実義も功徳も存在せず、大聖人とは無関係の外道義を世に撒き散らしているだけに過ぎないのである。

10、日寛上人を冒涜する学会

今回の『学会要綱』では、

「日寛教学の中で、『御書根本』『大聖人直結』にかなった教義解釈や（中略）学会員の信行に資する内容については、引き続き重んじていくことは言うまでもない」（一五〇ジペー）

などと、信じられない傲慢不遜の言を吐いている。これは日寛上人の教学のなかに、御書に適っていない部分があり、自分達の都合で取捨選択すると言っているのに等しい。日寛上人に対するこの上なき冒涜である。

それにもかかわらず学会は、

「創価学会は日寛書写の御本尊を会員に授与しているが、それは、日蓮大聖人と日興上人の真意に則った『本門の本尊』であるから」（同ジ）

などと、何度読んでも意味不明な語句を並べて、学会発行の日寛上人の本尊（通称『ニセ本尊』）を正当化している。

日寛上人の教学を見下しながらも、本尊にはまだ利用価値があるとでも言うのか。このような不埒を仏法では法盗人というのである。

学会がいう「日寛書写の御本尊」とは、学会の走狗となって本宗から離脱・退転した成田宣道からの申し出があったとして、学会が栃木県・浄圓寺所蔵の日寛上人御書写の御本尊を勝手にコピーし、さらに御本尊に認められていた「本證坊日證授与」という授与書きを削除するなど、日寛上人の御心を踏みにじって偽造したものである。

もとより、第五十九世日亨上人が、

「曼荼羅書写本尊授与の事は・宗門第一尊厳の化儀なり」

（『有師化儀抄註解』富士宗学要集一―一一二ジ）

と御指南のように、御本尊に関する書写や授与などの権能を所有されるのは、唯授一人血脈付法の御法主上人に限られる。故に学会発行の本尊は、御法主上人の許可もなく、総本山から下付されたものでもなく、資格なき学会が勝手に複製した『ニセ本尊』であり、拝めば拝むほど堕地獄の重い罪障を積むこととなるのである。

そもそも、大聖人の仏法において、御本尊をだれが作製してもよいという道理は絶対にない。ただ単に、御本尊の文字や相貌が顕されていればよいということではないのである。すなわち、御本尊の御書写とは、時の御法主上人が唯授一人血脈相伝の深義によって、大御本尊の御内証を拝し、大御本尊に具わる大聖人の人法一箇の御法魂と大功徳を、そのまま書き写されるのである。

以前の学会は『ニセ本尊』を発行する際、学会員に対して、

「今回のお形木(かたぎ)御本尊は、日寛上人が大聖人出世の本懐たる『一閻浮提総与』の大御本尊を御書写されたものであり、『大御本尊根本』の信心は、従来といささかも変わりありません」(『聖教新聞』平成五年九月八日付)

などと言い訳し、「日寛上人が大御本尊を御書写されたもの」という建前だけは崩してこなかった。しかるに学会は今回、

「日寛は、『戒壇の本尊』を特別視し（中略）大石寺が授与する文字曼荼羅は『戒壇の本尊』の書写であるとした。しかし、『戒壇の本尊』を特別な御本尊であるとする解釈は、大聖人の御書にも日興上人の著作類にも見られない説である」（一五〇ジペー）

などと日寛上人を悪口誹謗すると共に、無慚（むざん）にも御本尊を書写された日寛上人の御真意を全否定したのである。御本尊の御書写について日寛上人は、

「この御本尊は一閻浮提第一の本門戒壇の御本尊をうつし奉りておくり奉り候。是を文字とのみ思し召し候事なかれ。すぐに久遠元初自受用報身、本因妙の教主釈尊、末法下種の主師親の三徳、日蓮大聖人の御一身の当体にして、生身の御仏わたらせ給うと御信心なさるべく候」（『富涌女房御返事』妙光寺文書）

と仰せられ、「一閻浮提第一の本門戒壇の御本尊をうつし奉り」と明確に指南されている。書写された御当人たる日寛上人の御真意をねじ曲げて、「大御本尊は特別な御本尊ではない」などとする学会の主張は、けっして許されるものではない。

①大石寺を「謗法の地」と誹謗しながら、大石寺の御歴代である日寛上人の本尊を拝む矛盾。

②学会にとって都合が悪い日寛上人の教学は用いないと言いながら、日寛上人の本尊を拝む矛盾。

③大御本尊を「受持の対象としない」と蔑み、さらに今日では大御本尊の特別な意義をも否定しながら、大御本尊を御書写された日寛上人の本尊を拝む矛盾。

このように学会の本尊観は、二重三重にも矛盾に陥って完全に崩壊しており、その悩乱の現証は、もはや極限にまで達しているのである。

11、大御本尊こそ成仏の根源

池田はかつて、

「人生にあって、絶対的幸福を実現する道は、大御本尊への真剣な祈り、すなわち境智冥合以外にない（中略）末法の衆生にとって、主・師・親の三徳を具備された仏は日蓮大聖人であり、人法一箇の大御本尊である。大御本尊のましますこの大石寺は、私どもにとって根源の故郷（中略）大御本尊なくば、この世界は暗黒である。そして地獄であるといっても過言ではない」（『池田会長講演集』三—九〇ページ）

と指導していた。牧口・戸田氏以来、大御本尊絶対の信心こそ学会の原点であった。しかし現在の学会は、大御本尊への信仰を完全に否定してしまった。その重大事について池田は、無責任にもついに片言隻語も説明せずにこの世を去った。

大聖人は、

「正法を人に捨てさするが謗法にてあるなり」(『顕謗法抄』御書二八〇ページ)

と仰せである。池田は自身の不信心と大慢心によって、世界中の多くの学会員をして大御本尊への信仰を捨てさせた。その大謗法の罪は、果てしなく深く重い。

『報恩抄』に、

「日蓮が慈悲曠大ならば南無妙法蓮華経は万年の外未来までもながるべし。日本国の一切衆生の盲目をひらける功徳あり。無間地獄の道をふさぎぬ」(同一〇三六ページ)

と仰せのように、久遠元初自受用身の再誕・末法出現の御本仏である大聖人は、末法万年の全世界の人々を真に救済するという大慈大悲をもって、その御魂魄を出世の本懐たる戒壇の大御本尊に留められた。

その大御本尊を否定することは、日寛上人の、

「汝は是れ誰が弟子ぞや、苟しくも門葉に隠れて将に其の根を伐らんとするや、且つ其の流れを汲んで将に其の源を壅がんとするや」(『文底秘沈抄』六巻抄六七ページ)

との御教誡そのままに、自ら成仏の根を伐り源を塞ぐ愚かな所業であり、御本仏の御慈悲を踏みにじる忘恩違背の振る舞いである。

所詮、『学会要綱』の本尊観は、大御本尊の特別な意義を否定するという目的のもと、「御本尊はすべて等しい」との邪義によって学会員への洗脳を画策したものであり、大聖人の仏法を我意我見でねじ曲げた邪論にほかならない。

その底意にあるのは、「本尊模刻事件」や『ニセ本尊』作製」など、過去の大謗法の正当化と、学会員の心奥に今なお残る大御本尊への尊信を完全に消失させようとする悪辣な謀りであると断ずるものである。

五、『学会要綱』の三宝論を破す

【『学会要綱』の主張】

「仏宝は日蓮大聖人、法宝は一大秘法の『南無妙法蓮華経』、僧宝は創価学会としている（中略）現代において、日興上人を範とし、御書の仰せのままに、大聖人の御遺命たる世界広宣流布を推進しているのが、創価学会である。在家教団として世界に広宣流布を成し遂げてきた実証に鑑み、現代において『南無妙法蓮華経』を正しく伝持する教団である創価学会が、僧宝に当たる」（一五六ジペー）

1、学会の三宝論の変節と自語相違

『学会要綱』では、これまで信仰の対象として尊崇してきた久遠元初の三宝を捨て去り、新たな三宝論を主張している。すなわち、仏宝は末法の御本仏日蓮大聖人と立てるが、久遠元初の御本仏という意義を否定している。法宝は単に「南無妙法蓮華経」とし、「御本尊」という文言を削除して、実体なき観念論にすり替えた。さらに僧宝については、ついに日興上人をも押しのけて学会こそが僧宝であると宣言した。

このような増上慢極まる学会の新しい三宝論は、御書の仰せに真っ向から違背する下種三宝破壊の邪説である。

① 過去の指導

戸田二代会長は、学会の宗教法人取得に当たり、日蓮正宗に対して、

一、折伏した人は信徒として各寺院に所属させること
二、当山の教義を守ること
三、三宝（仏・法・僧）を守ること

の三原則（『聖教新聞』昭和二六年一二月二〇日付）を遵守（じゅんしゅ）すると約束した。すなわち、もともと創価学会とは、日蓮正宗の三宝を守り、その教義を広めるために発足した信徒団体である。

池田はかつて、本宗の三宝論について、第二十六世日寛上人の『当流行事抄』の御教示に基づき、

「久遠元初の三宝である『仏・法・僧』が末法に出現され、われらを利益される。も

し、この三宝の御力でなければ、どうして極悪不善のわれらが即身成仏できるであろうか。ゆえに、まさに久遠元初の三宝を信じたてまつるべきである―と。『久遠元初の三宝』とは、日寛上人のご指南のとおり、『久遠元初の仏宝＝日蓮大聖人』、『久遠元初の法宝＝本門戒壇の大御本尊』、『久遠元初の僧宝＝（開山）日興上人』である」（昭和六三年五月八日スピーチ『池田大作全集』七〇―五八七ジペー）

と指導した。さらに池田は僧宝について、

「他門流においては、この三宝をはき違えているため、久遠実成の釈尊を本尊とするような大謗法をおかしてしまうのである。ここで『僧宝』とは、今日においては日興上人よりの唯授一人の法脈を受けられた御法主上人猊下であられる。また、御僧侶は全部猊下の弟子である。法類である。ゆえに、いかなる理由があるにせよ、我々は御僧侶を大切にしなければならない」（『聖教新聞』昭和五三年二月二六日付）

とも述べている。

この池田の発言を受けて学会は「教学上の基本問題について」（通称「六・三〇」）のなかで、

「『僧宝』とは、正宗においては第二祖日興上人のことであり、また会長（池田）も発言しているごとく、唯授一人の血脈をうけられた御法主上人猊下であらせられる。

したがって、この正宗教義の根本となる僧宝と信心実践面での和合僧ということについては、絶対に混同するようなことがあってはならない。また、広義においても、学会を『僧宝』という言い方はしてはならない」（同昭和五三年六月三〇日付）

との公式見解を発表した。また、「『本部指導通達』第一号とその解説」には、

「御本仏の出世の本懐である戒壇の大御本尊を帰命依止の根本とする（中略）歴代の御法主上人のご内証は、日蓮大聖人と日興上人の唯我与我（ゆいがよが）の御境地をそのまま伝持せられている（中略）この二つの根本と、日蓮正宗の三宝、すなわち仏宝＝御本仏・日蓮大聖人、法宝＝大御本尊、僧宝＝日興上人とは、同じ意義をもっている」

（同昭和五四年六月二日付）

と述べ、「大聖人出世の本懐たる戒壇の大御本尊」と、「大聖人・日興上人の唯我与我の御境地を伝持される血脈付法の歴代の御法主上人の御内証」が本宗教義の根本であり、この二つの根本と仏・法・僧の三宝は同じ意義を有すると明言して、唯授一人血脈付法の御法主上人を尊崇するよう指導してきたのである。

(3)　昭和54年(1979年)6月2日(土曜日)　聖教新聞　(日刊)

「本部指導通達」第　号とその解説

御本尊のお取り扱いを厳格に

経過

解説

地方協議会

御本尊のお取り扱いについて

丁重に最大の真心もち

指導上の基本について

"三宝"を敬い宗門を外護

解説

なすものは、創価学会が、日蓮正宗の信徒の団体であるとのことである。その教義は、日蓮正宗の教義であるのは、当然であり、日蓮正宗の教義の根本をなすものは、まず、日蓮大聖人を末法の御本仏と仰ぐことであり、それはとりもなおさず、御本仏の出世の本懐である戒壇の大御本尊を帰命依止の根本とすることに尽きる。

もう一つ日蓮正宗の根幹をなすものは、血脈付法ということであり、歴代の御法主上人のご内証は、日蓮大聖人と日興上人の唯我与我の御境地をそのまま伝持せられていることである。

この二つの根本と、日蓮正宗の三宝、すなわち仏宝＝御本仏・日蓮大聖人、法宝＝大御本尊、僧宝＝日興上人――とは、同じ意義をもっている。

そのことの徹底が図られるならば、おのずと「指導上の基本」の第二項は当然といわなければならない。総本山には、戒壇の大御本

『聖教新聞』昭和五四年六月二日付

② 二転三転する三宝論

平成二年、大慢心の本性を顕した池田は、突如として日顕上人を悪口誹謗する三宝破壊のスピーチを行った。それ以降の学会は、歴代の御法主上人を僧宝として尊信するという本宗古来の正しい三宝論に異を唱え、日興上人のみを僧宝とし、挙げ句の果てには存在しない「法主本仏論」などを捏造(ねつぞう)して宗門誹謗を続けている。

それと同時に、平成三年の破門以降、自分達に都合が悪くなると見るや、いとも簡単に信仰の根幹である三宝論を改変し、節操なく二転三転させている。その変節ぶりは、「創価学会教学部」の編著をもとにたどれば一目瞭然である。

『教学の基礎』(平成一四年刊)

「末法の三宝(久遠元初の三宝)とは、仏宝＝久遠元初自受用報身如来の再誕である大聖人(久遠元初の南無妙法蓮華経を人法一箇の境涯で所持する根源の仏)、法宝＝大聖人御図顕の三大秘法の御本尊、僧宝＝日興上人を尊崇の対象とする。また、広義には尊崇の対象となる三宝を正しく伝持する学会が現代の僧宝」

(該書一三四～七ジペー・趣意)

これは破門後の改変であり、法宝を「本門戒壇の大御本尊」から「三大秘法の御本尊」へと変更し、学会員の大御本尊に対する渇仰恋慕の信心の希薄化を図った。さらに僧宝＝日興上人としつつも、「学会僧宝論」を公然と唱えて、過去の教義逸脱路線（通称「昭和五十二年路線」）の謝罪と反省を反故にしたのである。

『教学入門』（平成二七年刊）

「久遠元初の三宝（成仏のために永遠に尊崇する三宝）とは、仏宝＝久遠元初の自受用報身如来である大聖人、法宝＝南無妙法蓮華経の御本尊、僧宝＝日興上人を尊崇の対象とする。また、広義には尊崇の対象となる三宝を正しく伝持する学会が現代の僧宝」（該書二七二～四ページ・趣意）

これは平成二十六年の大御本尊放棄の教義条項改変（弘安二年の大御本尊を受持の対象としないことを宣言）を受けての変更であり、「文字曼荼羅は等しく本門の本尊」という手前勝手な邪義に基づくものである。なかでも、法宝を「三大秘法の御本尊」から「南無妙法蓮華経の御本尊」へと、より抽象的・観念的なものにすり替えて、学会員を誤魔化した。

それでもまだこの段階では、自分達が「永遠の師匠」と仰ぐ三代会長の過去の指導に明らかである以上、かろうじて「久遠元初の三宝（永遠に尊崇する三宝）」を立てるという理性だけは持ち合わせていた。

『創価学会教学要綱』（令和五年刊）

翻って、『学会要綱』で新たに立てた三宝論（『学会要綱』一五六ページ）では、「永遠に尊崇する」はずの「久遠元初の三宝」を完全に打ち捨ててしまった。

仏宝は「末法の御本仏」である大聖人とはするものの、『教学の基礎』（平成一四年刊）にあった「久遠元初自受用報身如来」や「久遠元初の南無妙法蓮華経を人法一箇の境涯で所持する根源の仏」などの極めて重要な法義はもはや微塵も見られない。仏法の根本たる久遠元初の御本仏（釈尊をはじめとする三世十方の仏の本地）としての意義を否定したのである。

また、法宝は「南無妙法蓮華経の御本尊」から単に「南無妙法蓮華経」であるとし、「御本尊」の文言を恣意的に削除した。これは久遠元初の御本仏の事の一念三千・人法一箇の御当体たる大御本尊の存在を覆い隠すための邪計である。大御本尊を離れた「南無妙法蓮華経」は、不相伝の日蓮宗などと同じ題目であり、法偏重の実体なき観念論・外道義に過ぎない。

僧宝に至っては、日興上人を尊崇の対象ではなく、ただの「範」、つまり見本・手本と貶め、在家教団たる学会が僧宝に成り代わるという。

日興上人を随一とする血脈伝持の御歴代上人を僧宝と拝する本宗の僧宝論に対し、「法主信仰」などと悪口雑言を吐いてきた学会だが、今度はその同じ口で、日興上人および御歴代上人を排除して、ついに自らを僧宝そのものとまで言い出したのだから、もはや正気の沙汰ではない。

以上、学会の三宝論の変節と自語相違を概観した。言動がコロコロと変わる人間は信用を失うというのが世の習い。わずか三十数年で、これほどまでに信仰の根本たる三宝論を変転させた仏教教団は、古今東西存在しないであろう。

「三宝を守る」という使命をもって設立された学会は、今や三宝をことごとく破壊する邪宗教に成り果てた。その元凶は、正本堂の建立以降、自らの手で大聖人の御遺命を達成したとの我見を増長させ、宗門支配の野望のもとに、僧宝たる御法主上人を軽賤憎嫉して僧俗の和合を破り、純粋な学会員を正法から退転させた池田大作である。その池田の呪縛からいまだ脱することなく、学会員を誑惑し続ける学会執行部もまた同罪といえよう。

これぞまさに、大聖人が『災難対治抄』に仁王経を引いて誡められた、

「三宝を護る者にして転更に三宝を滅破せんこと、師子の身中の虫の自ら師子を食ふが如し」（御書一九四ページ）

の姿そのものと断ずるものである。

2、学会の〝ニセ三宝論〟を破す　―特に僧宝について―

そもそも三宝とは、一切衆生が根本から尊崇し、帰依すべき対象である。「宝」と名付けられる所以について、『究竟一乗宝性論』（大正蔵三一―八二六ページ）には「希有・明浄・勢力・荘厳・最上・不変」の六つの徳性があるからと説いている。

つまり、仏・法・僧の三つはいずれも、存在が稀であり、汚れがなく清らかで、威徳があり、よく出世間を荘厳し、あらゆる宗教に対して最勝であり、絶対に不変であることから、「宝」と称されるのである。特に、不変の徳性に注目すれば、学会のように自分達の都合に合わせて、何度も変わる三宝論など有り得ない。この一点だけ見ても、学会の三宝論がニセモノであることは明白である。

① 末法下種の三宝＝久遠元初の三宝

大聖人が『常忍抄』（御書一二八四ページ）などの御書に引用する涅槃経の文には、

「仏道修行者は、三法（宝）が常住・一体であると修習しなければならない。三宝が常住せず、一体ではないという者は、清浄の仏法における三つのよりどころがなくなる」（大正蔵一二―三八二ページ・趣意）

と、本来三宝とは常住不変であり、内証において一体である旨が説かれている。すなわち、久遠元初の御本仏・自受用報身如来としての御身に具わる久遠以来常住・一体の三宝（久遠元初の三宝）が、そのまま末法下種の三宝として出現し、一切衆生を即身成仏へと教導するところに三宝論の実体実義が存する。

この三宝論を日寛上人は、大聖人以来の血脈相伝の上から、

「文上脱益の三宝に執せず、須く文底下種の三宝を信ずべし。是れ則ち末法適時の信心なり（中略）血脈抄に云わく、『久遠元初の自受用報身・無作本有の妙法』と。又云わく『久遠元初の結要付嘱』云云。自受用身は即ち是れ仏宝なり、無作本有の妙法は法宝なり、結要付嘱豈僧宝に非ずや（中略）久遠元初の仏法僧は則ち末法に出現して吾等を利益したもう（中略）久遠元初の仏宝豈異人ならんや、即ち是れ蓮祖大聖人

なり（中略）久遠元初の法宝とは、即ち是れ本門の大本尊是れなり（中略）久遠元初の僧宝とは、即ち是れ開山上人なり」（『当流行事抄』六巻抄一九四ページ）と教示され、久遠元初の仏宝が大聖人、久遠元初の法宝が本門戒壇の大御本尊、久遠元初の僧宝が日興上人であり、この三宝が末法に出現することを道理・文証・現証をもって説示されている。

さらに日寛上人は、

「若し内体に約せば実に是れ体一なり。所謂（いわゆる）法宝の全体即ち是れ仏宝なり、故に一念三千即自受用身と云い、又十界具足を方に円仏と名づくと云うなり。亦復（またまた）一器の水を一器に写すが故に師弟亦体一なり、故に三宝一体なり」（『三宝抄』歴全四―三九二ページ）

と、仏宝・法宝は久遠元初における御本仏の人法一箇の境智・法体であり、その内証は一器の水を一器に瀉（うつ）すように、僧宝に伝持されることを御指南である。

故に、大聖人の人法一箇の内証を御図顕された本門戒壇の大御本尊において、下種三宝は即一体なのである。

その下種三宝の当体たる大御本尊の法体を、正しく末法万年にわたって護持するために、大聖人は、

「此の経は相伝に有らざれば知り難し」（『一代聖教大意』御書九二ページ）

「血脈の次第　日蓮日興」（『日蓮一期弘法付嘱書』同一六七五ページ）

と、御自ら唯授一人の血脈相伝による下種三宝の常住を図られた。仏法の根本は必ず、相伝・付嘱によって伝持されるのである。

故に日寛上人が、

「南無僧とは、若し当流の意は（中略）南無本門弘通の大導師、末法万年の総貫首、開山・付法・南無日興上人師。南無一閻浮提の座主、伝法・日目上人師。嫡々付法歴代の諸師」（『当家三衣抄』六巻抄二二五ページ）

「然れば則ち吾が日興上人嫡々写瓶の御弟子なる事分明なり。故に末法下種の僧宝と仰ぐなり。爾来日目日道代々咸く是れ僧宝なり、及び門流の大衆亦爾なり」

（『三宝抄』歴全四―三九〇ページ）

と仰せのように、大聖人より直授相承された日興上人を随一とする歴代の御法主上人こそが僧宝である。そしてその唯授一人の血脈の当処に、下種三宝の法体はいささかも変わることなく厳然と在すのである。

②　学会僧宝論の根拠

『学会要綱』では、

「僧宝とは仏宝と法宝を伝える教団（サンガ）のことである。歴史的にはサンガの中核は出家者たちであったが（中略）釈尊の本来の立場では、サンガを出家者だけに限定する理由はなく、信仰実践の上で出家・在家の区別を認めない日蓮大聖人の仏法においては、むしろ社会において実際に教えを実践し弘める在家者こそがサンガの構成員になるといえる」（一五九ページ）

と述べている。この主張の根拠となるのが、「サンガ」の解釈である。「サンガ」とは、

「僧伽（そうぎゃ）と音写し、略して僧。衆・和合僧と漢訳する。現代語では教団と訳される。もと組合・共同体を意味する語で、仏教を奉ずる者たちの集団を表わすようになった」（『仏教大事典』小学館）

と解説されるように、もともと古代インドの商工業者達の組合団体を意味した語である。

これを仏教では『大智度論』に、

「多くの比丘(びく)一処に和合す、是を僧伽と名(なづ)く」(大正蔵二五—八〇ページ)

と説かれるように、仏教の出家修行者(比丘・比丘尼(に))の教団を指すようになった。学会ではこの「サンガ」の語意に固執して、

「あくまでサンガ(僧)の本義は、『出家』ではなく『集まり』である」

(『創価新報』令和六年八月号)

と主張し、『日本国語大辞典』の「僧伽」の項目の、

「広く在家を含めた仏教教団全体をさすとみてもよい」(該書)

との記述を依拠として、在家教団である学会こそが僧宝であると主張している。

しかし、

「在家の信者は、男性はウパーサカ(優婆塞(うばそく))、女性はウパーシカー(優婆夷(うばい))と呼ばれたが、彼らは教団(僧伽(そうぎゃ))を形成せず、比丘や比丘尼に帰依し、その指導を受けて修行した」(平川彰著『インド・中国・日本 仏教通史』一一ページ)

と、厳密な意味での「サンガ」には在家信者は含まれず、

「明治以後の日本では、在俗の男女信者を含んだ仏教集団全体も『僧伽』と呼ばれるようになっている」(『山川 世界史小辞典』改訂新版)

と、「サンガ」に在家信者を含むという解釈は、近年の説と指摘する見解もある。

いずれにせよ、「サンガ」の語意が「集まり」であるから、自分達こそ僧宝であるとの学会の説は、立正佼成会などの在家教団が「教えを実践する仲間が僧宝・サンガ」などと主張しているのと同じである。要するに、学会の僧宝論は、仏教とかけ離れた新興宗教の世迷い言を盗用した二番煎じである。

③ 大聖人・日興上人に違背する学会僧宝論

今回の『学会要綱』では、

> 「信仰実践の上で出家・在家の区別を認めない日蓮大聖人の仏法」(一五九ページ)

などと執拗に繰り返し、むしろ大聖人の仏法では、「在家教団こそが僧宝」であると主張している。しかしこれは、学会員を誑惑するためのまやかしにすぎない。そのような己義は、法華経をはじめとする一代仏教、天台・妙楽・伝教大師などの正師の釈、そして何より、大聖人の約五百篇の御書のどこを探してもあるはずがない。つまり学会の主張は、御書による裏付けなど全くない邪義である。

むしろ御書中には、

「破和合僧　四人已上の凡夫僧」（『一代五時図』御書四九四ジペー）

として、和合僧を出家僧の集まりとされる大聖人の御見解も拝される。

また、『曽谷入道殿許御書』に引用される涅槃経の文には、

「内には弟子有って甚深の義を解り、外には清浄の檀越有って仏法久住せん」

（同七九〇ジペー）

と、教団の内側にあって仏法を受持する出家僧と、外側にあって仏法を信仰し守護する在家信徒との使命の区別を説示されている。すなわち僧俗には、竹に上下の節があるように、その役割に応分の差異が存するのである。

しかしてその要諦は、

「総じて日蓮が弟子檀那等自他彼此の心なく、水魚の思ひを成して異体同心にして南無妙法蓮華経と唱へ奉る処を、生死一大事の血脈とは云ふなり。然も今日蓮が弘通する処の所詮是なり。若し然らば広宣流布の大願も叶ふべき者か」

（『生死一大事血脈抄』同五一四ジペー）

と仰せのように、僧俗が相互に信頼し、助け合って、令法久住・広宣流布を目指して折伏弘通に精励していくことが、大聖人の御正意である。さらにいえば、

「有徳王・覚徳比丘の其の乃往を末法濁悪の未来に移さん時」

(『三大秘法抄』同一五九五ページ)

と御教示のように、大聖人の御遺命である未来広宣流布の願業は、純粋なる僧俗和合の集大成として、初めて成し遂げられると拝すべきであろう。

このように、学会の「在家教団こそが僧宝」との僧侶不要論は、大聖人の仏法を完全に否定する大謗法の邪説なのである。

学会は、口を開けば「御書の仰せのまま」「御書根本」とさえずる。ならば大聖人が御書でお示しの、

「法をこゝろえたるしるしには、僧を敬ひ、法をあがめ、仏を供養すべし」

(『新池御書』同一四六一ページ)

「在家の御身は、但余念なく南無妙法蓮華経と御唱へありて、僧をも供養し給ふが肝心にて候なり」(『松野殿御返事』同一〇五一ページ)

との在家信徒への誡めをどう解釈するのか。これらは明らかに「信仰実践の上で出家・在

家の区別」があることをお示しではないか。今日の学会の主張は、大聖人に対して「僧俗差別」「出家者の権威」などと誹謗しているのと同じである。大聖人を仏宝と立てながら、その教訓に違背する学会に僧宝たる資格は毫もない。

また『学会要綱』では、自らが僧宝であることを説明する中で、「日興上人を範とし」などと、取って付けたかのような文言は使うものの、日興上人を僧宝とは断定していない。ここにも大きな矛盾がある。

すなわち、現行の学会の勤行における「祈念文」には、

「日興上人に南無し、報恩感謝申し上げます」

とある。「南無」とは、尊崇の対象に帰命・帰依する義であるが、毎日の勤行では日興上人に帰命すべきことを説く一方で、日興上人を僧宝から排除すると

末法の御本仏・日蓮大聖人に南無し、報恩感謝申し上げます。
日興上人に南無し、報恩感謝申し上げます。
と祈念の後、題目三唱します。

現行の学会の勤行における「祈念文」

いうのだから支離滅裂である。

そもそも大聖人が『日蓮一期弘法付嘱書』に、

「日蓮一期（いちご）の弘法、白蓮阿闍梨（あじゃり）日興に之を付嘱す、本門弘通の大導師たるべきなり」

（御書一六七五ﾍﾟｰｼﾞ）

と御教示のように、大聖人の仏法の一切を直授相承されたのは、日興上人ただお一人である。故に、日興上人を僧宝の随一と仰ぎ奉るべきは当然であり、相承もなき学会が勝手に僧宝を名乗るのは無理にも程がある。

また日興上人は、『日興跡条々事』（同一八八三ﾍﾟｰｼﾞ）において、大御本尊をはじめとする一切の仏法を第三祖日目上人に相伝し、大聖人の御遺命たる未来広宣流布・本門寺建立を達成すべきことを遺誡あそばされた。

その広布の根源たる大御本尊在（ましま）す大石寺を「謗法の地」と誹謗し、かつて僧宝と仰いでいた御法主上人を口汚く罵（ののし）る今の学会が、「日興上人を範」とするなど、いったいどの口が言うのであろうか。血脈付法の御歴代上人への誹謗中傷は、仏法相伝の意義と尊厳の破壊であり、それは取りも直さず、大聖人・日興上人への違背につながることを知らなければならない。

以上、日興上人の明白なる御教示に照らしても、学会を僧宝とする論理は既に破綻しているのである。

④ 学会に僧宝の資格など断じてない

今回の『学会要綱』では、これまで尊崇の対象としてきた「久遠元初の三宝」や「人法一箇」などの重要法義を、御都合主義によって捨て去り、ついには自らを僧宝と僭称する大増上慢を露呈するに至った。

学会は、以前から自らを「広義における現代の僧宝」と嘯いてきたが、尊崇の対象となる三宝とは明確に区別してきた。ところが今回の『学会要綱』には、そのような記述は全くない。反対に、学会が日興上人に代わる僧宝と標榜し始めたところを見ると、早晩、学会組織自体への尊崇を会員に強要する日が来るであろう。その布石となるのが、「創価学会仏」なる、御書のどこにもない前代未聞の邪説である。

いかに虚栄を張ろうとも、学会は三毒強盛の荒凡夫の集団に過ぎない。さらに今日、三宝破壊の大謗法集団と化した学会が「創価学会仏」なる邪説を掲げ、あろうことか尊崇の対象たるべき〝仏〟と同格にならんとしている。その様はまるで、

「我は仏を殺して新仏となるべし」（『法華題目抄』御書三五八ジペー）

とのお示しのように、釈尊を殺して自ら新しい仏になろうとした提婆達多の大慢心を彷彿（ほうふつ）とさせるものである。

ましてや、教団トップの原田がローマ教皇と会見し握手を交わす（『聖教新聞』令和六年五月一二日付）に及んでは、そこに身命を賭（と）して邪義謗法を破折された大聖人・日興上人の御精神など欠片（かけら）もないことは、だれの目にも明らかではないか。

そのほかにも、学会が僧宝ではない実証を挙げれば、言論出版妨害事件などに代表される反社会的な謀略性。

「学会迫害の悪人は厳罰（げんばち）で野垂れ死ぬまで攻（せ）め抜け」

聖教新聞
SEIKYO SHIMBUN

発行所 聖教新聞社
〒160-8070 東京都新宿区信濃町7 TEL.03-3353-6111

原田会長がカトリック教会の中心・バチカンで
フランシスコ教皇と会見

【バチカン】原田会長が10日午前（現地時間）、バチカン市国のアポストリコ宮殿でローマ・カトリック教会のフランシスコ教皇と会見した。第266代のフランシスコ教皇は、2013年に就任し、昨年、在位10周年を迎えた。アルゼンチン生まれで、初の南米出身の教皇である。紛争や環境危機の打開、宗教間対話などへ積極的に関わり、教会改革に力を注ぐ。19年には、史上初となるローマ教皇のアラビア半島訪問を実現、さらに同年、ローマ教皇として38年ぶりに来日し、広島や長崎などを訪問した。

握手を交わすローマ・カトリック教会のフランシスコ教皇と原田会長（バチカンのアポストリコ宮殿で）©Vatican Media

ガンベッティ枢機卿と

『聖教新聞』　令和6年5月12日付

(同平成一六年一一月一八日付)

などと、自らの意に反する者への独善的・攻撃的な体質。選挙のたびに媚(こ)びへつらい、しつこく公明党への投票を迫って人々の顰蹙(ひんしゅく)を買う非常識等々、枚挙に暇がない。

これらはすべて、大聖人が『顕謗法抄』に引用される大品般若経に、

「三宝を破るが故に則ち世間の正見(しょうけん)を破す」(御書二七九ページ)

と説かれるように、大聖人の仏法の根幹たる下種三宝を破壊し尽くした頭破作七分(ずはさしちぶん)の現証そのものである。

『学会要綱』における三宝破壊の邪説を見る時、改めて三世を見通す御本仏大聖人の尊極なる御仏智を拝仰せざるを得ない。すなわち、

「仏宝・法宝は必ず僧によて住す」(『四恩抄』同二六八ページ)

との御金言である。

今日の学会の様相は論を俟(ま)たず、大聖人御入滅後に生じた五老僧の異解、あるいは後代に興った種々の異流義も、すべて独断専行、我田引水の御書解釈に起因する。

大聖人出世の本懐たる大御本尊と共に、下種仏法の一切を付嘱された日興上人は、

「当門流に於ては御抄を心肝に染め極理(ごくり)を師伝して」(『日興遺誡置文』同一八八四ページ)

と遺誡されている。本宗では、大聖人の仏法の極理を血脈相伝によって歴代の御法主上人が正しく厳護されてきたからこそ、下種三宝の御威光は今なお燦然と輝き続けるのである。反対に今の学会は、久遠元初の御本仏を捨て、大御本尊への信仰を放棄し、大聖人・日興上人が定め置かれた血脈相伝を否定した。これら三宝破壊の大罪を犯す学会に身を置く限り、

「経と仏と僧との三宝誹謗の大科によて、現生には此の国に修羅道を移し、後生には無間地獄へ行き給ふべし」（『光日上人御返事』同一五六六ページ）

と御教示のように、未来永劫にわたる厳しい末路が待ち受けることは必定である。

以上、大聖人の仏法の本義の上から、学会が唱える三宝論が〝ニセ〟である所以を述べてきた。所詮、自らを僧宝と詐称して恬として恥じることのない学会こそ、大聖人が法滅尽経の文を引いてお示しの、

「五逆濁世に、魔道興盛し、魔沙門と作って吾が道を壊乱せん」

（『報恩抄』同一〇二〇ページ）

と指弾される魔の姿そのものであり、大聖人の仏法を壊乱する魔の「サンガ（集団）」であると断ずるものである。

六、『学会要綱』の「御書根本」「大聖人直結」を破す

【『学会要綱』の主張】

「とくに池田先生が強調したのが、『御書根本』『日蓮大聖人直結』であった。それは、創価学会が成し遂げた宗教革命が、大聖人の教えの原点に立ち返り、その本質的な意義を現代に生き生きと展開するものであることを意味している。この『御書根本』『大聖人直結』の理念のもと、大聖人の仏法の本義に基づいて、本尊観など、創価学会の基本的立場がより明確になっていった。そもそも創価学会は牧口先生以来、在家の教団として独自に運営されており、その基本的立場は一貫しているが、宗門事件は、それを名実ともに明らかにする契機となった」(一四七ジペー)

『戒壇の本尊』を特別な御本尊であるとする解釈は、大聖人の御書にも日興上人の著作類にも見られない説である。大聖人は多くの御本尊を顕されたが、それらの御本尊に優劣を定めるような教示は御書に存在しない(中略)教義条項が改正されたが、それは、『御書根本』『大聖人直結』の指針のもと、あくまで御書に基づいて大聖人の御真意にかなった解釈を

明らかにしたものである」（一五〇ページ）

1、学会のいう「御書根本」「大聖人直結」の矛盾

『学会要綱』では、創価学会は永遠に「御書根本」「大聖人直結」を指針とすると主張しつつ、本門戒壇の大御本尊と血脈付法の仏法を否定している。

ここに大いなる矛盾がある。この論理からすれば、宗門から破門される以前の創価学会は、いわゆる「御書根本」「大聖人直結」ではなかったということになる。本宗信徒として生涯を終えた二代会長の戸田城聖氏は、

「この大石寺には、日蓮大聖人出世の御本懐たる一閻浮提（いちえんぶだい）総与の大曼荼羅が相伝せられている。この大曼荼羅こそ末法の衆生の不幸を救う大威力のあるもので、この大曼荼羅を本として御出現した御本尊こそ、人に強き生命力を与え、不幸を根本から救うのである。すなわち家なき者に家を、子なき者に子を、親なき者に親を、財なき者に財を、病の者には良医と健康とを与える絶対の功徳の根源である。邪宗の本尊は不幸の根源となり、この正宗の大御本尊は、いっさいの幸福の根源である」

(『戸田城聖全集』三―九三ページ)

と述べていた。戸田氏の指導にもあるように、大聖人出世の本懐となる御本尊は、一閻浮提総与の本門戒壇の大御本尊であり、正しい御本尊とは、御法主上人が大御本尊を御書写し、下付されたものである。これこそが大聖人・日興上人以来の正義である。こうした戸田氏の確信に満ちた指導は、学会流の「御書根本」「大聖人直結」ではないということになる。

池田自身もかつては、

「日蓮正宗の根幹をなすものは血脈である。大御本尊を根本とし、代々の御法主上人が、唯授一人でこれを受け継ぎ、令法久住をされてこられた。御本尊を御認めあそばすのは、御法主上人御一人であられる。われわれは、令法久住のための信心を根幹として、広宣流布に邁進しているのである。しかし、いくら広宣流布といっても、御本尊の御認めがなければできない。われわれは、あくまでも総本山根本、御法主上人厳護の信心で進んでまいりたい」(『広布と人生を語る』三―二五六ページ)

と、戸田氏と同様の指導を行っており、さらに「総本山根本」とも言っていた。この池田の言動も「御書根本」「大聖人直結」に背いていることになる。

つまり、『学会要綱』にいうところの「御書根本」「大聖人直結」とは、宗門から破門され、創価学会が日蓮正宗の信徒団体から謗法団体へと変化を遂げるに当たって、信仰の根本となる本尊や会員に下付する本尊の意義を改変せざるを得なくなり、その体裁を取り繕うために言い出した、無節操の悪足掻き(わるあがき)なのである。

2、学会は「御書根本」にあらず

五老僧や、その末流である今日の日蓮宗が釈尊を本尊と立てるのは、彼らの言い分としては、御書に基づいていると言うであろう。実際に、御書には釈尊を本仏・本尊とする御教示が見られる。その上で、日興上人が『富士一跡門徒存知事』に、

「聖人御立ての法門に於ては全く絵像木像の仏菩薩を以て本尊と為さず、唯(ただ)御書の意に任せて妙法蓮華経の五字を以て本尊と為すべし、即ち自筆の本尊是なり」

(御書一八七一ジペー)

と、確信を持って大漫荼羅正意を御教示なのは、ひとえに大聖人から日興上人への御相伝によるのである。

現在、創価学会が大聖人出世の本懐である本門戒壇の大御本尊を放棄し、御法主上人に違背しているのは、かつての五老僧と同轍であり、「御書根本」を言い訳に相伝の実義に

背いているのである。かつて戸田氏が、

「七百年前、日蓮大聖人様には、当時六老僧といって、六人の高弟がおられましたが、そのなかで、ただ日興上人お一人に、いっさいのものをお譲り渡しになっています。それが、堀米日淳六十五世猊下まで、血脈相承といって、われわれの御法主上人に、法水の容器は違うが、その内容は一滴ももらさずに伝えられてきている」

（『戸田城聖全集』二―三七ページ）

と指導していたように、血脈付法の御歴代上人に背くことは大聖人に対する逆賊、「非法の衆」なのであり、これが宗門七百七十年伝統の正義である。日興上人が『日興遺誡置文』に、

「当門流に於ては御抄を心肝に染め極理を師伝して」（御書一八八四ページ）

と遺誡されているように、御書を正しく拝するためには御相伝に基づく極理の師伝が必要なのであり、相伝のない者が「御書根本」を主張して、血脈相伝の正義を否定することなど断じて許されない。

3、「大聖人直結」は大謗法

「大聖人直結」を言い出したのは、何も創価学会が最初ではない。日興上人の御在世に

も「大聖人直結」を主張して己義を構える者がいたのである。日興上人は『佐渡国法華講衆御返事』に、

「なを尚々この法門は師弟子を正して仏になり候。師弟子だにも違い候へば、同じ法華を持ちまいらせて候へども無間地獄に堕ち候なり（中略）案のごとく聖人の御のち後も、末の弟子どもが共これは聖人の直の御弟子と申す輩やから多く候。これが大謗法にて候なり」（聖典七〇二ページ）

と教示されている。つまり、大聖人の御法門は、師弟相対して信受することが肝要であり、大聖人の直の弟子であると主張して勝手な振る舞いをすることは「大謗法」なのである。

池田もかつては、

「日蓮大聖人御入滅の後、日興上人に師敵対した五老僧がいた。近くは、日達上人の御遷化ごせんげの後に、御当代御法主日顕上人猊下に師敵対している正信会が出ている。在家にあっても、その姿はまた同じである」（『広布と人生を語る』三―二二〇ページ）

「日蓮宗身延派にあっても、南無妙法蓮華経の題目を唱えている。御書もある。経文も、法華経の方便品、寿量品等を読経している。また、もと正宗の僧侶であった『正信会』も、御法主上人の認したためられた御本尊を拝しているし、読む経文も唱える題目も、

われわれと同じである。外見からみればわれわれと同じようにみえるが、それらには唯授一人・法水写瓶の血脈がない。法水写瓶の血脈相承にのっとった信心でなければ、いかなる御本尊を持つも無益であり、功徳はないのである。すなわち『信心の血脈なくんば法華経を持つとも無益なり』なのである」(同八―一二八ジペー)

と、日蓮大聖人の正法正義に基づく指導を行っていた。

ところが、創価学会が謗法路線を突き進み、宗門から破門されたのちは、「御書根本」「大聖人直結」を主張して、かつての池田の指導とは正反対のことを言っている。池田の過去の発言に照らしても、「御書根本」「大聖人直結」がいかに詭弁かは明白であろう。

七、『学会要綱』の「僧俗平等」を破す

【『学会要綱』の主張】

「創価学会では、出家者と在家者の宗教的な差異を認めず、両者は完全に平等であり、さらに現代社会では在家者こそが宗教活動の中核を担うと考える」（一三一ページ）

「日蓮大聖人の仏法においては、誰もが『南無妙法蓮華経』を唱えることで成仏できるのであるから、出家者と在家者の差異は存在しえないといえる。むしろ、大聖人は、仏道修行に専念することが難しい世俗社会にあって、苦難に見舞われても純真に信仰を貫く在家者に対して、その信心を心から称賛されている。もちろん、在家者が自身で経論を学ぶことが困難であった当時においては、出家者に一定の役割はあったものの、信仰実践と目指すべき成仏について両者に本質的な差異はなかったのである。このような大聖人の根本理念を踏まえ、現代社会において、在家者による主体的な信仰実践を実現してきたのが創価学会である」（一三三ページ）

1、僧俗それぞれの役割

『学会要綱』では、出家者と在家者は完全に平等であり、現代社会においてはむしろ在家者が宗教活動の中核を担うと主張している。

しかし、仏法の伝承は相伝・付嘱を重んじるのであり、その中心的な役割は出家者（僧侶）によって行われ、釈尊からの付法蔵の二十四人も僧によって担われてきた。

また大聖人は、インド・中国・日本において法華経を弘通した正師として「三国四師」を挙げられるが、この釈尊・天台・伝教・大聖人の四師はいずれも出家者である。

大聖人は、数ある弟子のなかから日興上人お一人を後継者と定められた。日興上人は十三歳で大聖人に弟子入りしてより、多年にわたり大聖人に常随給仕・師弟相対し、その功がなって大聖人より唯授一人の血脈を相承されたのである。日興上人より血脈を受けられた日目上人もまたしかり、大聖人以来の唯授一人の血脈は、総本山の御歴代上人によって法灯連綿として受け継がれてきた。その血脈を受け継ぐ御歴代上人も、また師弟相対する僧侶のなかより誕生するのである。この意義は未来永劫失われることはない。

もちろん、御本尊を信ずることにより、出家在家を問わず平等に即身成仏の功徳を享受することができる。

しかし、

「内には弟子有って甚深の義を解り、外には清浄の檀越有って仏法久住せん」

(『曽谷入道殿許御書』御書七九〇ページ)

「よき師とよき檀那とよき法と、此の三つ寄り合ひて祈りを成就し、国土の大難をも払ふべき者なり」(『法華初心成仏抄』同一三一四ページ)

等とあるように、御本尊に近侍し常随給仕して法を研鑽し弘教指導に当たる出家の役割と、在家の立場で自行化他の信仰に励み、その教団を外護していく役割が揃って、正しく仏法を護持弘通する体制が整うのである。この意義において、日有上人が、

「貴賤道俗の差別なく信心の人は妙法蓮華経なる故に何れも同等なり。然れども竹に上下の節の有るがごとく、其の位をば乱せず僧俗の礼儀有るべきか」

(『化儀抄』聖典一二〇二ページ)

と示されるように、僧俗は互いに尊敬の念を持ちながらも礼節を重んじることが肝要である。

ところが、慢心によって、出家(僧)を軽んずる者がいつの時代も出てくる。故に大聖人は、

「在家の御身は、但余念なく南無妙法蓮華経と御唱へありて、僧をも供養し給ふが肝心にて候なり」（『松野殿御返事』御書一〇五一㌻）

「皆人の此の経を信じ始むる時は信心有る様に見え候が、中程は信心もよは（弱）く、僧をも恭敬（くぎょう）せず、供養をもなさず、自慢して悪見をなす。これ恐るべし、恐るべし」

（『新池御書』同一四五七㌻）

と誡められている。

2、学会の出家差別の実体

そもそも、学会は「在家こそが主体」などといっているが、在家とは何か。基本的には、世間において生業（なりわい）を持ち、一般社会で生活を送りながら仏教を信仰する人のことをいう。

では、学会の実体はどうか。組織の大半はそのような人達であるが、会長等の大幹部や本部職員などは、宗教活動を専業として生活している。

つまり、在家教団として全員同じ立場のようなことを言いながら、指導的立場の職業幹部と、一般会員との関係には明確な差異が存している。

それにもかかわらず『学会要綱』に、

「創価学会では、出家者と在家者の宗教的な差異を認めず、両者は完全に平等であり、さらに現代社会では在家者こそが宗教活動の中核を担うと考える」（一三一ページ）

とするのは、単に学会が、会員を宗門から離反させるために執拗に僧侶否定・出家否定をしているに過ぎない。

それは先にも挙げた、諸御書に明示される「僧の役割」についての御文を一切無視し、さらには、大聖人が出家して僧となることの功徳を述べられた『出家功徳御書』を新版の『御書全集』から、

「会員の信行に資さない」（該書 凡例）

として不収録としていることからも明らかである。

「日蓮正宗が法主（管長）の絶対性や僧俗差別を強調し、大聖人の仏法の精神から著しく逸脱したため、創価学会は魂の

「美作房御返事」「原殿御返事」を収録した。

（2）不収録

「釈迦一代五時継図」「一代五時継図」は、真筆が現存する085「一代五時鶏図」を新規収録したため不収録とした。また、「出家功徳御書」は会員の信行に資さないとして不収録とした。

（3）その他

池田大作監修『御書全集 新版』

独立を果たしました」（一ジ）

などと、学会は「宗門は出家が上で、在家が下と差別している」として被害者振るが、実際には学会こそが「在家が上で、出家が下」と出家（僧侶）を差別的に扱っているのである。

3、此の経は相伝に有らざれば知り難し

本宗が大聖人・日興上人以来の唯授一人の血脈法水を根幹とするのは、大聖人の、
「此の経は相伝に有らざれば知り難し」（『一代聖教大意』御書九二ジ）
「上首已下並びに末弟等異論無く尽未来際に至るまで、予が存日の如く、日興が嫡々付法の上人を以て総貫首と仰ぐべき者なり」（『百六箇抄』同一七〇二ジ）
等の仰せを拝する故である。

これは、けっして学会がいうような「日蓮正宗が法主（管長）の絶対性や僧俗差別を強調し」などということではない。師弟子の筋目を正して、大聖人の正法を令法久住・広宣流布することにその意義が存する。

かつて池田も、

「ご存知のとおり、私どもは日蓮大聖人の仏法を奉ずる信徒である。その大聖人の仏法は、第二祖日興上人、第三祖日目上人、第四世日道上人、および御歴代上人、そして現在は第六十七世御法主であられる日顕上人猊下まで、法灯連綿と血脈相承されている。ゆえに日顕上人猊下の御指南を仰ぐべきなのである。この一貫した仏法の正しき流れを、いささかなりともたがえてはならない」

（『広布と人生を語る』三―二四九ジペー）

「法水写瓶の血脈相承にのっとった信心でなければ、いかなる御本尊を持つも無益であり、功徳はないのである。すなわち『信心の血脈なくんば法華経を持つとも無益なり』なのである」（同八―二二八ジペー）

と語っていたのである。

4、学会の権威主義・差別的体質

さらにいえば、池田や創価学会ほど名誉・権威・上下関係に執着する団体は類を見ない。例を挙げれば、

①池田の各国での顕彰・名誉博士号漁り

②三代会長を「永遠の師匠」とする権威付け

③他の団体ではあり得ないような、数百人にもおよぶ副会長職をはじめとする数多の役職数

などが見られる。これらは学会組織を知る人であれば、よく解る事柄であろう。

このように、創価学会こそが「会長（池田）の絶対性や僧俗差別（僧への差別）を強調」していたのである。

過去に池田は、

「私は、日本の国主であり、大統領であり、精神界の王者であり、思想文化一切の指導者・最高権力者である」

（高瀬広居著『人間革命をめざす 池田大作―その思想と生き方―』七八ページ）

との発言をしていたとされるが、このような異常なまでに増上慢な人物を崇拝する学会組織が、権威や上下関係に執着し、不平等・差別的な体質となるのは必然なのであろう。

高瀬広居著
『人間革命をめざす 池田大作
―その思想と生き方―』

八、『学会要綱』の「人間主義」を破す

【『学会要綱』の主張】

「釈尊は、このように一人一人の個人の苦悩の現実から出発し、その苦悩からの解放、幸福の実現を目指して、人間存在への深い洞察に基づき、さまざまな教えと実践を説かれた。そこには、仏教における『生命の尊厳』『万人の尊敬』という思想性が示されている。この『生命の尊厳』『万人の尊敬』の思想を、創価学会では仏法の人間主義と呼んでいる」（二二ジペー）

1、学会のいう「人間主義」について

『学会要綱』では「人間主義」について、

「仏教における（中略）『生命の尊厳』『万人の尊敬』の思想を、創価学会では仏法の人間主義と呼んでいる」（二二ジペー）

と述べている。

「人間主義」とは「ヒューマニズム」の訳語で、『日本国語大辞典 第二版』には、

「人間性の尊重と、人間の解放を基調とする主張。ルネサンス期イタリアに始まる、中世の教会的権威のもとで死滅しかかっていた自然な人間性をよみがえらそうとした運動」(該書)

とある。池田は、この語を仏教に当てはめて、

「学会は、大聖人の御精神のままに、『人間のための宗教』の正道を、世界に開いてきた。仏法の『人間主義』の光で、悪しき宗教の闇から人間を開放してきた。これに対して、権威と権力で抑圧し、ひたすら一方的な『服従』を迫る日顕宗の体質―まさに『権威主義的宗教』の典型であろう」(『聖教新聞』平成四年八月二六日付)

と述べている。つまり、宗門を西洋中世の教会的権威主義になぞらえて、それに抗う自分達の行動を「人間主義」と主張しているのである。

しかし、宗門に学会のいう「権威主義」などない。大聖人の仏法を正しく護持弘通する上から学会の謗法を破折しているのである。

また、学会は釈尊や大聖人の教えを「生命の尊厳」「万人の尊敬」の思想とし「仏法の

人間主義」などと称するが、仏法はそのような浅薄なものではない。

大聖人が『撰時抄』に、

「機に随って法を説くと申すは大なる僻見なり」（御書八六四ページ）

と御教示のように、仏法においては機情（人間）ではなく、あくまで仏意を根本とすることが成仏の要諦なのである。

2、実体は「池田至上主義」「学会独善主義」

創価学会では、「人間主義」のほかにも「人権尊重」「平和主義」「人類平等」などの美辞麗句を声高に叫び、あたかも高尚な団体かのように装うが、その正体はそれとは大きくかけ離れた、欺瞞・偽善集団であるといえる。

学会が「永遠の師匠」とする池田は、かつて会員に向けて、

「宗門の悪侶、学会の反逆者を書き連ね、その罪科を、血涙をもって後世に残したい。永久追放の証としたい」（『聖教新聞』平成六年九月二日付）

と、自身や学会に批判的な者、異議を唱えた者を敵と見なし、悪意をむき出しにし、破滅するまで徹底的に攻撃するよう煽動していた。

煽（あお）られた会員達は組織を挙げて、宗門僧侶や法華講員、脱会者に対して、盗撮、尾行、暴行、大勢で取り囲んでの罵倒（ばとう）などの嫌がらせ、攻撃が繰り返し行われた。平成三年四月には、福岡県開信寺での御講に学会青年部が乗り込んで、法話妨害および住職等に対する暴行事件まで起こしている。

そのほかにも、会館の床に日顕上人や地元住職の似顔絵を置いて踏み絵のように会員に踏ませたり、預けた遺骨を寺院が勝手にコーヒーカップに移し替えたとして訴訟を起こしたりと、数々の常軌を逸（いっ）した行為が平然と行われたのである。

また過去に創価学会は、世間一般の敵対する組織や人物に対しても、

○言論出版妨害事件（昭和四十四～四十五年）

○共産党委員長宅電話盗聴事件（昭和四十五年）

などの社会的事件まで起こしている。

容　青年の代表が厳粛（げんしゅく）に集い、その時の会長を中心に、宗門の悪侶、学会の反逆者を書き連ね、その罪科を、血涙（けつるい）をもって後世に残したい。永久追放の証（あかし）としたい。

このことを私は、きょう宣言しておく（大拍手）。

『聖教新聞』　平成6年9月2日付

これらの事件を見れば、池田および創価学会の「人権侵害」「好戦主義」「不平等」の独

善的・排他的・攻撃的な実態が解るであろう。

つまり創価学会がいう「人間主義」とは、池田自身が、

「怒りの炎を燃やして『戦闘』する！『叱咤（しった）』する！『攻撃』する！『追撃』する！これこそが仏法であり、正しき人間の道である」

（同平成一一年一〇月一一日付）

とハッキリと言うように、創価学会の意に沿わない者は弾圧や攻撃の対象とする、「池田至上主義」「創価学会独善主義」に過ぎないのである。

世紀へのファンファーレ（東京牧

もない。喜びもない。幸福
もない。

怒りの炎を燃やして「戦闘」する！「叱咤（しった）」する！「攻撃」する！「追撃」する！
これこそが仏法であり、正しき人間の道である。

草創の学会は、悪と徹底して〝ケンカ〟した。「戦

『聖教新聞』　平成11年10月11日付

九、『学会要綱』の「創価学会仏」を破す

【『学会要綱』の主張】

「戸田先生は、末法の御本仏である日蓮大聖人に直結し、仏の使命である広宣流布を成し遂げている創価学会という組織を、象徴的に『仏』として捉え、未来の経典に『創価学会仏』と記されるであろうと展望した」（一五五ジペー）

1、「創価学会仏」は池田の妄言か

「創価学会仏」なる語は『学会要綱』の後注（該書一九四ジペー）によると、その初出は昭和三十七年ごろに行われた池田の講義中の発言であるという。

それは、

「戸田先生は『創価学会仏、創価学会仏』ということを、ちょっとおもらしになったことがあります」（『大白蓮華』昭和三七年九月号一七ジペー）

「戸田先生がひとことお話しになりました（中略）経文が、また仏が出て説かれると

きには『創価学会仏』という仏の名前で出ると」

（『聖教新聞』昭和三七年一〇月一八日付）

というものである。

あくまで戸田氏の発言に「創価学会仏」とあったとするが、戸田氏の講演集等には一切見られない。

本当に戸田氏の発想なのか、戸田氏の名を使って池田の思いつきを述べたものかは定かではないが、創価学会の元教学部長で、池田の側近であった原島嵩氏はその著書の中で、

「私は、これはどうも先生のつくりごとか、あるいは戸田先生が事実言われたとしても、決して日蓮大聖人以外に創価学会仏なるものを想定されたこととはどうしても考えられません（中略）とにかく、先生はつくりごと、すりかえ、自分の言ったことを他の人の言にしてしまうこと、それも既成事実化してしまうことの名人です」

（『池田大作先生への手紙』一〇六ページ）

と証言している。

その後、創価学会の教義逸脱（いつだつ）問題（昭和五十二年路線）もあってか、「創価学会仏」は長い間鳴りを潜めたが、平成二十八年十一月の会則改変以後、組織として全面的に打ち出

し始めたのである。

2、御書にも経典にもない偽仏

それでは、この胡散臭い「創価学会仏」とは何なのか。

『学会要綱』では、

「戸田先生は、末法の御本仏である日蓮大聖人に直結し、仏の使命である広宣流布を成し遂げている創価学会という組織を、象徴的に『仏』として捉え、未来の経典に『創価学会仏』と記されるであろうと展望した」(一五五ジペー)

と述べている。そもそも、「組織を象徴的に仏」とする戯言など未だかつて聞いたことがない。さらに、

「この『創価学会仏』とは、戸田先生が宗教的確信の上から池田先生に語った表現であり、池田先生の『人間革命』(第十二巻)では、戸田先生の思索として、次のように記されている。

『日蓮大聖人は、御本尊を御図顕あそばされ、末法の衆生のために、御本仏の大生命をとどめ置かれた。まさに「我常在此娑婆世界、説法教化」の経文のごとく、仏が常に此の娑婆世界にあって、説法教化されている御姿である。創価学会は、その大法を末法の民衆に教え、流布するために、御本仏の御使いとして出現した。そして、大聖人の御精神のままに、苦悩にあえぐ人びとを救い、菩薩道を行じてきた唯一の団体である。それは、未来永遠に続くであろう。すると、学会の存在もまた、「我常在此娑婆世界、説法教化」の姿ではないか。してみると、学会の存在は、それ自体、創価学会仏ともいうべきものであり、諸仏の集まりといえよう』この師弟の確信のままに、池田先生は、『創価学会仏』たる崇高な広宣流布の組織を、日本のみならず世界中へと拡大してきた」(同ジペー)

と、「学会の存在」が「我常在此娑婆世界、説法教化」の姿であるというが、本仏の常住の姿と学会組織が同格であるかのように論ずるのはもってのほかである。

また、「未来の経典に『創価学会仏』と記される」としているが、未来において末法万年の御本仏たる日蓮大聖人以外に仏が出現して経典を説くことなどあり得ない。

大聖人は、三毒強盛の凡夫を直ちに仏と詐(いつわ)る禅宗について、

「謂己均仏（己は仏に均しと謂う）の大慢を成せり」（『聖愚問答抄』御書三九七ページ）

と断じ、また、一仏の世に二仏を立てる真言宗に対して、

「一代五時を離れて外に仏法有りと云ふべからず。若し有らば二仏並出の失あらん」

（『真言天台勝劣事』同四五〇ページ）

と厳しく破折されている。

「創価学会仏」なる概念は、これらの大聖人の御文により明確に否定される邪説であり、御書にも、法華経をはじめとする経典にも存在しない偽仏といえる。

もし、違うというのなら「御書根本」「大聖人直結」を標榜する創価学会として、「創価学会仏」の根拠となる文証を明示すべきである。

3、生きながらえるための「組織の神格化」

そもそも創価学会の本来の目的は、「大御本尊」を広宣流布することにあった。宗教法人創価学会を立ち上げた戸田氏は、

「私たちは無知な人々をみちびく車屋である。迷っている人があれば、車に乗せて大御本尊様の御もとへ案内していくのが、学会唯一の使命である」

（『戸田城聖全集』三—一一三㌻）

と指導している。

また、かつて池田も、

「次の点だけは不動の路線であることを忘れてはならない。それは、一、三大秘法の大御本尊がいっさいの根本であると拝していくことだ。二、御法主上人の御もとに日蓮正宗の伝統法義を確実に体していくことだ。三、それを基調として、学会は、広宣流布を展開していくのである」（『広布と人生を語る』三—二七一㌻）

と指導していた。

すなわち、創価学会は「日蓮正宗の信徒団体として総本山を外護し、御法主上人の御指南のもと、日蓮正宗の教義、すなわち本門戒壇の大御本尊を広宣流布する」ことを唯一の目的、使命としていたのである。

しかし、本宗から破門され、大御本尊を捨て去った学会は、まるで根無し草のようなもので、その存在意義を失った。

そこで学会は、生きながらえるために、組織そのものを神格化する手段にすがるしかなかったと考えられる。その最たるものとして「創価学会仏」なる概念が都合良かったのであろう。

提婆達多は、仏の三十二相を偽装するために、蛍火を集めて白毫相とし、菊の紋様の鋳物を足に付けて千輻輪相に擬し、新仏を名乗って和合僧団を破ったとされるが、創価学会が仏を名乗ることもこれと同様である。

創価学会は存続のために仏を詐称して、組織に対しての異様な神秘性をことさら強調し、御書・経典に背き、三代の会長を永遠の師匠などとする池田絶対論を掲げた。これは大聖人の仏法とは到底言えず、大悪報を受けることは免れないのである。

十、『学会要綱』の「広宣流布」を破す

【『学会要綱』の主張】

「末法の御本仏・日蓮大聖人は、『撰時抄』で、『法華経の大白法の日本国ならびに一閻浮提に広宣流布せんことも疑うべからざるか』と、世界広宣流布を展望された。創価学会は、この大聖人の御遺命のままに、大聖人に直結する地涌の菩薩の集いとして、現代に広宣流布を成し遂げていくことを使命としている（中略）広宣流布とは、万人の成仏を可能とする大聖人の仏法を弘めることである。それは、すべての人が仏に成る可能性を持ち、それゆえにすべての人が尊厳を有しているという思想を広げ、社会をより良く変革していくことである。その意味で、広宣流布とは、『生命の尊厳』『万人の尊敬』という仏法の人間主義を社会に浸透させ、妙法の大地の上に、平和・文化・教育を中心とするあらゆる営みを活性化させていく、大いなる文化運動である」（一二四ジペー）

『学会要綱』では、御本仏の大願である広宣流布について、

「『生命の尊厳』『万人の尊敬』という仏法の人間主義を社会に浸透させ、妙法の大地の上に、平和・文化・教育を中心とするあらゆる営みを活性化させていく、大いなる文化運動である」

（一二五ジペー）

と曲解している。

広宣流布とは、すべての人が本門戒壇の大御本尊に帰依し、仏国土を建設することである。破邪顕正の折伏もせず、「平和・文化・教育を中心とするあらゆる営みを活性化させていく」ことではない。学会がいうような広宣流布の意義が、御書のどこに書いてあるのか明示すべきである。

さらに、広宣流布の暁（あかつき）に建立される本門の戒壇について日蓮大聖人は、

「霊山浄土（りょうぜんじょうど）に似たらん最勝の地を尋ねて戒壇を建立すべき者か。時を待つべきのみ。事の戒法と申すは是なり」（『三大秘法抄』御書一五九五ジペー）

「国主此の法を立てらるれば、富士山に本門寺の戒壇を建立せらるべきなり。時を待つべきのみ。事の戒法と謂ふは是なり」（『日蓮一期弘法付嘱書』同一六七五ジペー）

と御遺命され、日興上人は、

「勝地を撰んで伽藍を建立するは仏法の通例なり。然れば駿河富士山は是日本第一の名山なり、最も此の砌に於て本門寺を建立すべき由奏聞し畢んぬ。仍って広宣流布の時至り国王此の法門を用ひらるゝの時は、必ず富士山に立てらるべきなり」

（『富士一跡門徒存知事』同一八七三ジペー）

と教示されている。それにもかかわらず、『学会要綱』では、

「大聖人が示された『本門の戒壇』には、特定の建造物を超える意義がある（中略）『本門の本尊』を信受し『本門の題目』を唱えることこそが戒の本質であるから、創価学会員各自がそれぞれの家庭などで御本尊に向かって題目を唱える場が『本門の戒壇』であるといえる。さらに、全世界の会員が集い広宣流布を誓う広宣流布大誓堂（創価学会総本部内）をはじめ、自行化他の実践に励む場である世界各国・日本国内の各会館も、『本門の戒壇』の意義を持つといえよう」（八五ジペー）

などと、御遺命の戒壇建立を完全に放棄し、本門の戒壇について勝手な解釈を加えている。

日寛上人は『法華取要抄文段』に、

「広宣流布の時至れば一閻浮提の山寺等、皆嫡々書写の本尊を安置す。其の処は皆是れ義理の戒壇なり。然りと雖も仍是れ枝流にして、是れ根源に非ず。正に本門戒壇の本尊所住の処、即ち是れ根源なり」（御書文段五四三ページ）

と、在々処々の本尊安置の処が義（義理）の戒壇であり、義の戒壇はあくまで枝流にして、その根源は本門戒壇の大御本尊にあることを御教示である。

創価学会には、本門寺の戒壇に御安置すべき本門戒壇の大御本尊がないため、都合の悪い大聖人・日興上人等の御教示を隠しているのである。

また『学会要綱』では、

「日蓮大聖人が確立した仏法は、直弟子である日興上人に継承された」（一三七ページ）

と、日興上人が大聖人の仏法の正統な後継者であることを述べているが、日興上人がどのようにして大聖人の後継者となられたのか、そのことについては触れていない。すなわち大聖人が、

「日蓮一期の弘法、白蓮阿闍梨日興に之を付嘱す、本門弘通の大導師たるべきなり（中略）就中我が門弟等此の状を守るべきなり（中略）血脈の次第　日蓮日興」

（『日蓮一期弘法付嘱書』御書一六七五㌻）

「釈尊五十年の説法、白蓮阿闍梨日興に相承す。身延山久遠寺の別当たるべきなり。背く在家出家共の輩（やから）は非法の衆たるべきなり」（『身延山付嘱書』同㌻）

と記し置かれたように、本門戒壇の大御本尊をはじめ、仏法の一切を唯授一人の血脈相承をもって日興上人に御付嘱されたのであり、それ故日興上人は、大聖人の正統な後継者となられたのである。その後は日目上人、日道上人と次第して、日蓮大聖人の血脈は御当代御法主日如上人のところに厳然と在（ましま）すのである。

第六十六世日達上人は、

「日蓮正宗の教義でないものが一閻浮提に広がっても、それは広宣流布とは言えないのであります」（『日達上人全集』二―六―二九五㌻）

と御指南である。

しかるに今日の学会は、本門戒壇の大御本尊を否定し御法主上人を誹謗して、大聖人の仏法を破壊しているのであり、創価学会が広まることは謗法の害毒が蔓延（まんえん）することにほかならない。学会に日蓮大聖人の仏法を語る資格など微塵もなく、ましてや広宣流布を語るなど論外である。

十一、『学会要綱』の「立正安国」を破す

【『学会要綱』の主張】

「『立正』が確立されていくならば、人々は、皆が人間性を発揮して安穏に暮らしていける平和な社会を建設すべく、自他共の幸福の実現を目指していくであろう。自然災害そのものはなくならないとしても、自他共の幸福を第一義とする社会では、被害を最小限に抑え、さらには未然に防ぐ施策が取られるにちがいない。これが、『立正』から帰結する『安国』の実現である」（一二六ジペー）

『学会要綱』では「立正安国」について、

「自然災害そのものはなくならないとしても、自他共の幸福を第一義とする社会では、被害を最小限に抑え、さらには未然に防ぐ施策が取られるにちがいない。これが、『立正』から帰結する『安国』の実現である」（同ジペー）

と、憶測に基づく勝手な論を展開している。

大聖人は、『立正安国論』（御書二三五ページ）において金光明経（最勝王経）や大集経、薬師経等の経文を示し、神天上によって災難が起こる理由を説かれている。

金光明経には、為政者が正法を擁護せず民衆もまた受持しなければ、法味に飢えた四大天王をはじめとする諸天善神が国を去り、その結果、民衆は互いに争い、疾疫が流行し、地震や暴雨、悪風が起こり、常に飢饉に遭い、他方の怨賊に侵略され、辜なき人民までもが諸々の苦悩に喘ぐと説かれている。

大聖人は、正嘉の大地震をはじめとする天変地夭の原因を、人々が法然の捨閉閣抛によって正法たる法華経を毀謗したために引き起こされたものであると断じられた。そして邪法を破し、正法を立てることが国を安んずる方途であるとして立正安国の原理を示された。

『学会要綱』がいう「立正安国」では、「自然災害そのものはなくならない」とするが、これは仏法の絶対性と広大無辺なる功徳・利益を軽視したものであり、経典および大聖人の教えに背く、摧尊入卑の考えである。

『如説修行抄』に、

「万民一同に南無妙法蓮華経と唱へ奉らば、吹く風枝をならさず、雨土くれをくだかず、代は羲農の世となりて、今生には不祥の災難を払ひて長生の術を得、人法共に不老不死の理顕はれん時を各々御らんぜよ、現世安穏の証文疑ひ有るべからざる者なり」（御書六七一ページ）

とあるように、万民が正法を受持するならば、諸天の加護によって自然災害も打ち払う安国の姿が現れることとは、御本仏の金言である。

さらにいえば立正安国とは、大聖人が久遠元初の御本仏として、娑婆世界の一切衆生が妙法を受持することにより、娑婆即寂光の仏国土が必ず実現することを教示されたものである。

大聖人が『立正安国論』で法然の邪義を一凶とされたように、現代の一凶とは仏法破壊の創価学会であり、立正安国の第一歩は、創価学会の邪義を打ち破ることなのである。

十二、『学会要綱』の折伏義を破す

【『学会要綱』の主張】

「創価学会も草創期にあって、大聖人の諸宗批判の精神を継承して、弘教の場などで四箇の格言を用いてきた。それは、四箇の格言に取り上げられた諸宗に対する標語が、現実逃避（念仏）、主観主義（禅）、神秘主義（真言）、形式主義（律）など、人間の陥りやすい誤った傾向を象徴的に指摘したものとして、一定の説得力を持つと考えたからであった。この点について、池田先生は、『四箇の格言を、大聖人が唱えられたものだからと言って、人々の心を無視し、時代の変化を無視して、ただ繰り返して唱えても、かえって大聖人の御心に背くことになりかねない。それでは、ドグマ（教条）になってしまう。宗教の魔性は、そういうところに現れてくるからです。大事なのは人間であり、心です。四箇の格言は、民衆を惑わす魔性とは断固として戦うという、大聖人の確固たる信念の現れです』と指摘している。創価学会の使命は、大聖人の御遺命である広宣流布を推進することにある。創価学会は、仏法、なかんずく『法華経』に縁がある日本において、『南無妙法蓮華経』を説き弘める実践を、すべて『折伏』として捉えてきた。その上で、実際の振る舞いにおいては、相手の異なる考えを尊重する姿勢と、相手の誤解や偏見を正していく姿勢とを、どちらも重んじている。それは、大聖人の大慈悲による折伏精神に基づいたものであり、不軽菩薩のごとく、相手を尊敬して誠実に真実を語り抜いていく実践である。その意味において、日本とは宗教的土壌が異なる海外においても、抜苦与楽の慈悲に基づく仏法対話を『折伏』と呼んでいるのである」(一六八ジペー)

1、「四箇の格言」を貶める学会

『学会要綱』では、四箇の格言は「人間の陥りやすい誤った傾向を象徴的に指摘したもの」と、個別の宗派を破折したものではなく、あくまで観念論であるとしている。

『秋元御書』に、

「日蓮一人、阿弥陀仏は無間の業、禅宗は天魔の所為、真言は亡国の悪法、律宗持斎等は国賊なりと申す故に、上一人より下万民に至るまで父母の敵・宿世の敵・謀叛・夜討・強盗よりも、或は畏れ、或は瞋り、或は詈り、或は打つ。是を訾る者には所領を与へ、是を讃むる者をば其の内を出だし、或は過料を引かせ、殺害したる者をば褒美なんどせらるゝ上、両度まで御勘気を蒙れり」（御書一四四八㌻）

とあるように、大聖人は四箇の格言によって、当時流行していた諸宗を折伏し、大小様々な難を受けながら、一切衆生の仏性を喚起して成仏に導こうとされたのである。

「念仏無間」とは、法然が『選択集』において法華経を含む諸経を「捨閉閣抛」せよと述べたことについて、法華経譬喩品第三の、

「若し人信せずして　此の経を毀謗せば（中略）其の人命終して　阿鼻獄に入らん」（法華経一七五㌻）

の文に照らして、無間地獄に堕すべき罪業であることを指摘されたものである。

「禅天魔」とは、菩提達磨が説いた禅宗の奥義とされる不立文字・教外別伝・直指人心・見性成仏などの説について、経典によらず、本より已れと仏が等しいとする増上慢の言であり、涅槃経の、

「若し方等経を受けざる者有らば（中略）即ち邪見外道の弟子なり（中略）是魔の所説なり」（大正蔵一二―四〇四㌻）

等の文に照らして、仏道修行を妨げる天魔波旬の説であることを指摘されたものである。

「真言亡国」とは、真言宗では、大日如来を立てて、娑婆世界の主である釈尊を下すという主従の顛倒を犯している。承久の乱の際、朝廷は天台・真言の高僧に命じ、真言の秘法をもって、幕府を調伏したにもかかわらず、王族である朝廷は敗れ、三上皇は流罪、仲恭天皇は廃帝となってしまった。大聖人はこうした現証によって、真言が亡国の悪法であると断じられたのである。

「律国賊」とは、世に聖僧と崇められ、幕府に重く用いられていた律宗の良観等が、ただ名聞名利に執着して世間を誑惑し、正法の僧である日蓮大聖人を迫害して国に悪弊を及ぼす国賊、「僭聖増上慢」であることを指摘されたものである。

このように四箇の格言の一々は、大聖人が道理・文証・現証に照らし、謗法によって不幸になる事実を明示されたものである。

大聖人は、大恩ある師匠の道善房から、五体の阿弥陀仏を造立したと聞いた時、

「阿弥陀仏を五体作り給へるは五度無間地獄に堕ち給ふべし」

（『善無畏三蔵抄』御書四四四ジペー）

と、強い言葉をもってその謗法を破折された。そして、

「今既に日蓮師の恩を報ず。定んで仏神納受し給はんか。各々此の由を道善房に申し

聞かせ給ふべし。仮令強言なれども、人をたすくれば実語・軟語なるべし。設ひ軟語なれども、人を損ずるは妄語・強言なり」（同四四五ページ）

と、念仏は無間地獄の業であると師匠を厳しく破折されたのは、師匠に対する報恩であり、軟語（真実の優しい言葉）である。逆に相手の気持ちを慮って正邪を決しないのは、軟語のようではあるが、相手を損ずる非情の妄語・強言であると仰せられている。

すなわち四箇の格言とは、御本仏の真実の言葉、衆生を救うための大慈大悲の軟語なのであり、それを『学会要綱』で観念論であるかのように述べるのは仏意の歪曲以外の何物でもなく、「御書根本」を自ら否定するものである。

2、学会の折伏は世間への迎合

『学会要綱』では続いて、

「池田先生は、『四箇の格言を、大聖人が唱えられたものだからと言って、人々の心を無視し、時代の変化を無視して、ただ繰り返して唱えても、かえって大聖人の御心に背くことになりかねない。それでは、ドグマ（教条）になってしまう。宗教の魔性は、そういうところに現れてくるからです。大事なのは人間であり、心です。四箇の格言は、民衆を惑わす魔性とは断固として戦うという、大聖人の確固たる信念の現れです』と指摘している」（一六八ジペー）

と述べている。池田は、四箇の格言によって謗法を破折することを「ドグマ」と言っていたようであるが、折伏とは破邪顕正であり、四箇の格言は破邪の言葉である。謗法を破折せずして、どのように大聖人の仏法の正義を説くというのか。

『教機時国抄』に、

「謗法の者に向かっては一向に法華経を説くべし。毒鼓（どっく）の縁と成さんが為なり。例せば不軽菩薩（ふきょう）の如し。亦（また）智者と成るべき機と知らば必ず先（ま）づ小乗を教へ、次に権（ごん）大乗を教へ、後に実大乗を教ふべし。愚者と知らば必ず先づ実大乗を教ふべし。信謗（しんぼう）共に下種と為（な）ればなり」（御書二七〇ジペー）

と示されるように、衆生の心田（しんでん）に仏種を下すためには、最終的には実大乗たる法華経の正義を説く必要がある。

それを『学会要綱』では、

「実際の振る舞いにおいては、相手の異なる考えを尊重する姿勢と、相手の誤解や偏見を正していく姿勢とを、どちらも重んじている。それは、大聖人の大慈悲による折伏精神に基づいたものであり、不軽菩薩のごとく、相手を尊敬して誠実に真実を語り抜いていく実践である。その意味において、日本とは宗教的土壌が異なる海外においても、抜苦与楽の慈悲に基づく仏法対話を『折伏』と呼んでいるのである」(一六九ジ)

と述べている。『学会要綱』でいう折伏とは、大聖人の仏法における本義とは異なり、邪義謗法の者の考えを尊重して世間に迎合し、創価学会の組織拡大を目指す摂受であり、謗法容認の失は免れない。

また、「不軽菩薩のごとく、相手を尊敬して誠実に真実を語り抜いていく」という主張もまやかしである。不軽菩薩が衆生の仏性を喚起すべく行った但行礼拝は、礼拝を受けた者が不軽菩薩を迫害し、逆縁によって成仏している。池田は、面会した著名人に対し、ひとことでも仏法の正邪を糾したのであろうか。もしも詐り親しんできただけなら、『阿仏房尼御前御返事』の、

「いふといはざるとの重罪免れ難し。云ひて罪のまぬかるべきを、見ながら聞きなが

ら置いていましめざる事、眼耳の二徳忽ちに破れて大無慈悲なり。章安の云はく『慈無くして詐り親しむは即ち是彼が怨なり』等云云」（御書九〇六ページ）

との訓戒に背いているのは明白である。

大聖人は『佐渡御書』に、

「日蓮を信ずるやうなりし者どもが、日蓮がかくなれば疑ひををこして法華経をすつるのみならず、かへりて日蓮を教訓して我賢しと思はん僻人等が、念仏者よりも久しく阿鼻地獄にあらん事、不便とも申す計りなし（中略）日蓮御房は師匠にてはおはせども余りにこはし。我等はやはらかに法華経を弘むべしと云はんは、蛍火が日月をわらひ、蟻塚が華山を下し、井江が河海をあなづり、烏鵲が鸞鳳をわらふなるべし、わらふなるべし」（同五八三ページ）

と厳しく呵責されている。『学会要綱』で、様々な理屈をこねて四箇の格言を観念論と下し、大聖人の折伏義を否定するのは、あたかも蛍火が日月を笑うような愚かな振る舞いである。

十三、『学会要綱』の歴史の改竄を破す

【『学会要綱』の主張】

「社会に根差した在家教団である創価学会が、日蓮大聖人の仏法を、本来の万人に開かれた仏法として継承し発展させてきた」（一三一ジペー）

「歴史的には、日蓮正宗を含め、日蓮大聖人の仏法を源流とする諸宗派は、出家者を中心とする教団によって継承されてきた。その過程で、大聖人の本来の思想から逸脱した要素が混入し、出家者の権威が強調されるとともに、不当な権力に対峙し続けた大聖人の姿勢も見失われるに至った。創価学会は、このような状況の中で、在家の教団として、日蓮大聖人の仏法を万人に開かれた仏法として現代に蘇らせる運動を開始した。その中で、日蓮正宗に対しては、広宣流布のため、同じ大聖人の仏法を信仰する者として最大に支援しつつ、その姿に誤りがあれば指摘もしてきた」（一三七ジペー）

『学会要綱』では、創価学会の設立から今日に至る歴史を自分達に都合良く改竄しよう

と試みている。まず、「第四章　万人に開かれた仏法」（『学会要綱』一三一ﾍﾟｰｼﾞ）では、学会は当初から在家教団であったかのように欺瞞（ぎまん）している。

そして「第三節　創価学会による宗教改革」（同一三七ﾍﾟｰｼﾞ）では、日蓮正宗を日蓮系諸宗派に含め、そこには大聖人の本来の思想から逸脱（いつだつ）した要素が混入し、大聖人の姿勢も見失われたため、学会が在家の教団として大聖人の仏法を現代に蘇（よみがえ）らせる運動を開始したとする。

初代会長の牧口常三郎氏は、昭和三年に東京常在寺の法華講員であった三谷素啓氏に折伏され日蓮正宗に入信し、続いて二代会長の戸田城聖氏も牧口氏の勧めにより入信した。そして昭和五年に、創価学会の前身である創価教育学会が牧口氏によって創立されたが、発足当初は、牧口氏の創価教育学説の実践を目指した教育者を中心とした団体で、そもそも宗教団体ではなかった。

その後、創価教育学会は、次第に教育者以外の会員も増え、宗教活動の比重が増していった。牧口氏と戸田氏は、昭和六年に中野教会（現・杉並区昭倫寺）が堀米泰栄師（第六十五世日淳上人）によって設立されてからは、中野教会の御講等に参詣して日淳上人の指導を受けるようになり、また昭和十一年からは本行坊（現・墨田区本行寺）における第五十九世日亨上人による「富士宗学要集講習会」に参加し、御教示を仰ぐようになった。

このように牧口・戸田両氏は、日蓮正宗の信徒として日亨上人や日淳上人から本宗信仰の基礎を学んだのであり、独自の在家教団などではなかったのである。

1、牧口氏の時代

① 牧口氏の講演と価値論について

【『学会要綱』の主張】

「教育者であった初代会長・牧口常三郎先生は、日蓮大聖人の仏法と出合い、一九二八年に日蓮正宗に入信したが、広宣流布の精神を失っていた日蓮正宗の実態に対しては、厳しい評価を下していた。『立派な生活をしてその証拠をあげるのが我々のつとめである。失礼ながら僧侶方の大概は御妙判と称して御書やお経文によって説明はしてくださるが、現証によって証明してくださらないのを遺憾とする』と述べている。牧口先生は、日蓮正宗の復興のために尽力したが、創価教育学会の運営や会員の信心指導については、僧侶に依存することなく、学会独自で行うようにした。在家信者は寺院に所属して僧侶の指導に従うという従来の講組織の形をとらず、独自の責任に基づいて広宣流布の活動をする組織を構築したのである」(一三八ジペー)

『学会要綱』では「牧口先生の時代」として、牧口初代会長の昭和十七年十一月二十二日に行われた創価教育学会第五回総会における講演を挙げている。この講演は、三障四魔が起こらなければ正しい信心ではなく、大善生活をしなければならないという、牧口氏の信仰観を示したものといえる。

牧口氏は独自の「価値論」を主張し、そこでは従来西欧で唱えられてきた「真・善・美」の価値論を、「美・利・善」の価値に置き換え、真理は認識の対象であって価値ではないとしている。

しかし、仏法の上から捉えれば、仏法の利益は真理と一体である仏の慈悲より生ずるものであり、仏法で説く真理の裏付けがないところに、善の価値は普遍的意義を持たない。

牧口氏は利の価値を重視するところに、御利益主義という浅い考え方が生じてしまったといえる。

ただし、この部分のみをもって牧口氏の信仰観の全体を推し量るのは早計である。同講演で牧口氏は、

「御寺を離れ、正師に遠ざかれば、正しい法門はわからない。故に我々はたゞ生活上に実験証明して御寺へ導くのを本旨とし、これが在家に於ける我々の役目であるとしてゐる」（『牧口常三郎全集』一〇―一五四㌻）

と述べ、寺院に参詣し、正師に随順して正しい法門を教わることを在家の役目としていたのである。また牧口氏は、同年五月十七日の創価教育学会第四回総会における講演で、

「我々は決して寺を遠のけとは言はない。寺を離れたら原理を失ふことになり日蓮正宗でなくなる。是だけが正宗で他はすべて邪宗であります」（同一四五㌻）

とも述べている。これらの発言に見られるように、日蓮正宗の信徒という基本を堅持した上での創価教育学会の活動であったことを知らねばならない。

こうした牧口氏の信仰観について、池田著とされる小説『人間革命』には、〝戸田城聖の思索〟として、

「牧口の価値論（かちろん）から入（はい）った、大善生活を思う時、そこには、彼独特（どくとく）の、倫理的臭味（りんりてきくさみ）を

帯びてくる。さらに、大善生活の実践のために、大御本尊を仰ぐ時、——大御本尊は、価値論の範疇に入ることになってしまう。——ここに摧尊入卑のきらいが影となって射して来るようだ(中略)彼は、価値論を、現代哲学の最高峰であるとは思っていた。……しかし、大聖人の大生命哲理からするならば、時に『九重の劣』とすら思えた」

(該書一—三〇七ジペー)

と記している。

実際、戸田氏は戦後の創価学会の再建に当たって、価値論に偏った在り方を反省して、日蓮正宗の教義に基づき、大御本尊を根本とした信仰に立ったのである。

また、牧口氏・戸田氏は一時期、日淳上人に反発し、日淳上人のもとを離れたことがあった。このことについて、戦時中の昭和十九年九月六日、戸田氏が獄中から夫人に宛てた書簡のなかに、

「堀米先生ニ。去年、堀米先生ヲ『ソシッタ』罰ヲツクヅク懺悔シテオルト話シテ下サイ。『法ノ師ヲソシリシ罪ヲ懺悔シツツ、永劫ノ過去ヲ現身ニ見ル』ト言ッテオリマスト」

(『若き日の手記・獄中記』一四六ジペー)

と記し、日淳上人を誹謗したことを懺悔している。

② 第二次世界大戦中の出来事について

【『学会要綱』の主張】

「当時、第二次世界大戦の影響が日本にも及び、日中戦争も激化しつつある中、日本の軍部政府は、挙国体制を築くために、国家神道による思想統制を強力に推進していた。そして、仏教教団の整理統合を図り、日蓮宗各派の合同を進めようとした。それに従おうとする者が日蓮正宗の内部にもいたが、牧口先生は断固反対し、日蓮正宗は大聖人の正法正義を守り抜くために単独で認可を取るべきであると訴えた。一九四一年三月、日蓮正宗は宗制単独認可にこぎつけたが、同年九月、軍部政府の弾圧を恐れ、『日蓮は一閻浮提第一の聖人なり』(「聖人知三世事」)など、御書の重要な十四カ所の御文を削除するよう通達を出した。さらには、政府が国家神道の徹底化を図り、国民に神社参拝や神札(神宮大麻)を祭ることを強要するようになると、大石寺内に神札を祭るようになった。そして、一九四三年六月二十六日、牧口先生、戸田先生を大石寺に呼び出し、当時の管長の立ち会いのもと、創価学会も神札を受けるよう指示するに至った。しかし、牧口先生は、それを毅然として拒否したのである」(一三九ジペー)

次に『学会要綱』では、第二次大戦中の出来事について、宗門には種々の問題があったとし、「宗制単独認可」「御書御文の削除」「神札問題」を取り上げている。

「宗制単独認可」とは、昭和十四年四月に公布された宗教団体法により、文部省は関連宗派を一つにまとめる政策を打ち出し、日蓮宗系の数多くあった宗派も日蓮宗、法華宗、本化正宗の三派に合同されることになり、日蓮正宗は日蓮宗への合同を強制されるという危機があったことをいう。これに対し第六十二世日恭上人は、単身で文部省に赴かれて合同不承知を訴えられた。また同十六年三月十日には、大石寺御影堂において僧俗護法会議が開かれた。この会議において、御臨席の御法主日恭上人並びに御隠尊日亨上人・日開上人は、合同反対の立場を明確に示された。その時の様子について、日顕上人は、

『あれは要するに、国家の要請として当時の文部省が、『各宗でいろいろな派に分かれているのは、挙国一致の体勢にそぐわないので、日蓮宗であったら、日蓮宗の各派はみな合同しなければいけない』という強圧的な指令を出してきたのです（中略）その会議の場にいたほとんどの人は、『とんでもない、あくまで大聖人の仏法を純粋に持って来たのは日蓮正宗なのだから、身延となんか一緒になったら大変なことになる』という意見だったのです（中略）日開上人は、小笠原師の合同賛成の意見に対して、はっ

きり反対の意見を言われて、それが御影堂の会議の席で言い合いのような形になってしまったそうなのです。とにかく日開上人は、〃合同なんてとんでもない〃とのご意見の上から反論をされたそうです(中略)日開上人は『牢に入れられても構わない、だから絶対に合同を阻止しなければいけない』とのご覚悟を決めておられたそうです」

(『富士の法統』一七ジペー)

と仰せられている。

かくして僧俗護法会議では、挙って三猊下の御意向に賛同して日蓮門下合同の拒否を決議した。その結果、日蓮正宗は同月三十一日、『日蓮正宗宗制』の単独認可を得て、日蓮宗との合同を免れることができた。このように、『学会要綱』で牧口氏のみが反対を訴えたように述べるのは事実に反している。

ちなみに、小説『人間革命』にも、

「数多くの質問と意見の交換が重ねられた。その質問者のなかには、創価学会初代会長、牧口常三郎も含まれていた(中略)決議文は、いずれも――本宗は合同問題に参加せず、との態度を持していたのである。この決議に関し、座長は賛否を満場に問うた。笠原以外、全員が挙手、賛成し、可決された。その時、阿部日開上人は、笠原を御自

分の前に呼び寄せて、厳しく訓戒されたのである」（該書六―一八二ジペー）

とある。

なお文部省は、一宗一派として独立を認めるには宗派の学校と図書館の施設があることを条件として提示した。そのため全国の法華講員に建設費を勧募し、富士学林校舎と図書館を造り、日蓮正宗全体として独立を守り抜いたのである。

次に『学会要綱』では「御書御文の削除」について、

「一九四一年三月、日蓮正宗は宗制単独認可にこぎつけたが、同年九月、軍部政府の弾圧を恐れ、『日蓮は一閻浮提第一の聖人なり』（「聖人知三世事」）など、御書の重要な十四カ所の御文を削除するよう通達を出した」（一三九ジペー）

としている。

当時の宗門からは、御書要文集である『祖文纂要』（日霑上人編・日亨上人校訂）が雪山書房から発行されていた。ここでいう御書の御文の削除とは、昭和十六年九月、宗務院教学部長名で『祖文纂要』のなかの十数カ所の文言を削除するよう通達したものである。

この通達は、軍部政府からの〝国家神道を推進する上で不都合となる表現を削除せよ〟との圧力に対する形式的な措置であり、これによって宗義が変わったわけではなく、謗法を容認したわけでもない。

この当時の状況について第六十六世日達上人は、

「このときは、御遺文集の不敬にわたる箇所を、みんなふせろという命令も出ましたからね。幸い本宗ではそのとき御書を発刊してなかったから問題がなかったが、ひどい弾圧ですよ」(『日達上人全集』一—五—六四六ページ)

と述べられている。

また「神札問題」とは、戦時中に大石寺内に神札が祀られたとするものであるが、これについては、日達上人が、

「そこは大書院ですから、御本尊は祭ってありません。その所を、昭和十八年の、戦争がいよいよ盛んになった時に、国で借り上げてしまった。国に借りられてしまったわけです。その時にその書院を『中部勤労訓練所』ということにされてしまったのでございます(中略)その時に所長である上中甲堂という人が、書院の上段の間へ天照大神のお札を祭ったんです。それに対して、こちらは再三異義を申し立てたんですけ

れども、しかし国家でやる仕事である、国の仕事であるから、いくらこちらで何を言っても、それは及びもしない。なんとも仕方がないから、そうなってしまったのであります。ただそれだけのことで、別に我々がその天照大神のお札を拝んだことなどありもしない。また、実際その中へ入って見たこともない。入れてくれもしない。まあ借家同然で、借家として貸したんだから向うの権利である。そういうような状態であって、決して我々が天照大神のお札を祭ったとか、拝んだとかということは、事実無根であります」(同二―五―六〇八ページ)

と述べられているように、中部勤労訓練所の所長が書院の中に天照大神の札を勝手に祀ったのであり、宗門として大石寺内に神札を祀るなどあるはずがない。

また、神札を受ける云々ということについては、昭和十八年六月二十六日に牧口・戸田氏らを総本山に呼び出し、学会も神札を受けるよう指示したとしている。当時の状況としては、軍部主導の政府は、求心力を維持するために、天皇を中心とする国家神道化を強力に推し進め、仏教各宗派に対しても神道の行事を国家行事として強制してきた。こうした状況のなかで、政府が国民に対して神札を受け取ることを強要し、宗門においても、強制的な当局の命令を形式的にそのまま宗内に伝達したに過ぎず、苦慮の上の判断であった。

一方、学会でも各理事・各支部長宛に、戸田城外（戸田城聖）理事長の名前をもって「通諜（つうちょう）」という文書が出され、神札を粗末に扱わないよう通達していたのである。

なお、牧口氏は昭和十七年十一月二十二日、創価教育学会第五回総会に続いて行われた全員座談会において、

「この問題は将来も起ることと思ふから、此際明確にして置きたい。吾々は日本国民として無条件で敬神崇祖（けいしんすうそ）をしてゐる。しかし解釈が異るのである。神社は感謝の対象であつて、祈願の対象ではない。吾々が靖国神社へ参拝するのは『よくぞ国家の為に働いて下さつた、有難うございます』といふお礼、感謝の心を現はすのであって、御利益をお与へ下さい、といふ祈願ではない。もし、『あゝして下さい、こうして下

創價教育學會各理事
各支部長 殿
理事長 戸田城外

通諜

時局下、決戦体制の秋、創價教育學會員[illegible]盡忠報國の[illegible]
會員一同各職域に於いてその誠心を致し信心を強固に
日まで戦ひ抜かんことを切望す。依つて各支部長は信心折伏に[illegible]
各會員に[illegible]左の各項により此の精神を徹底せしめんこ[illegible]

一、毎朝天拝（初座）に於いて御本山の御指示通り皇祖天照大神
皇宗神武天皇肇國以来御代々の鴻恩を謝し奉り敬神[illegible]
國運の隆昌、武運長久を祈願すべきことを強調指導すべきこと

一、學會の精神たる天皇中心主義の原理を會得し、誤[illegible]指導
なきこと

一、感情及利害を伴へる[illegible]は[illegible]ざること。

一、創價教育學會の指導は生活法學の指導たることを忘る可からざること

一、皇大神宮の御札は粗末に取り扱はざる様敬神崇祖の念とこれとを混同して、不敬の取り扱ひなき様充分注意すること

六月廿五日

学会が各理事・各支部長宛に出した「通諜」

さい』と靖国神社へ祈願する人があれば、それは恩を受けた人に金を借りに行くやうなもので、こんな間違つた話はない。天照大神に対し奉つても同様で、心から感謝し奉るのである。独り天照大神ばかりにあらせられず、神武以来御代々の天皇様にも、感謝し奉つているのである。万世一系の御皇室は一元的であつて　今上陛下こそ現人(あらひと)神(がみ)であらせられる。即ち　天照大神を初め奉り、御代々の御稜威(みいつ)は現人神であらせられる　今上陛下に凝集されてゐるのである。されば吾々は神聖にして犯すべからずとある『天皇』を最上と思念し奉るものであつて、昭和の時代には、天皇に帰一奉るのが国民の至誠だと信ずる。『義は君臣、情は父子』と仰せられてゐるやうに、吾々国民は常に天皇の御稜威(みいつ)の中にあるのである。恐れ多いことであるが、十善の徳をお積み遊ばされて、天皇の御位におつき遊ばされると、陛下も憲法に従ひ遊ばすのである。即ち人法一致によって現人神とならせられるのであつて、吾々国民は国法に従つて天皇に帰一奉るのが、純忠だと信ずる。天照大神のお札をお祭りするとかの問題は万世一系の天皇を二元的に考へ奉る結果であつて、吾々は現人神であらせられる天皇に帰一奉ることによつて、ほんとうに敬神崇祖することが出来ると確信するのである。またこれが最も本質的な正しい国民の道だと信ずる次第である云々」

（『大善生活実証録―第五回総会報告―』四七ページ）

と述べている。ここで牧口氏は、神社参拝を否定していない。また天皇は即位すると人法一致によって現人神となるので、国民は天皇に帰一すべきであり、天照大神の札（神札）を祀るのは万世一系の天皇を二元的に考えることとなるのでよろしくないとする。

この発言に見える牧口氏の神社観・神札観は、かなり独特のものであるが、牧口氏は神札を謗法という理由からではなく、独自の観点によって祀らないとしたのである。

戦時中の特殊な状況にあっても、宗門では苦心して正法正義を守り抜いたのであり、学会だけが正義を貫いたかのように述べるのは事実に反した欺瞞（ぎまん）である。

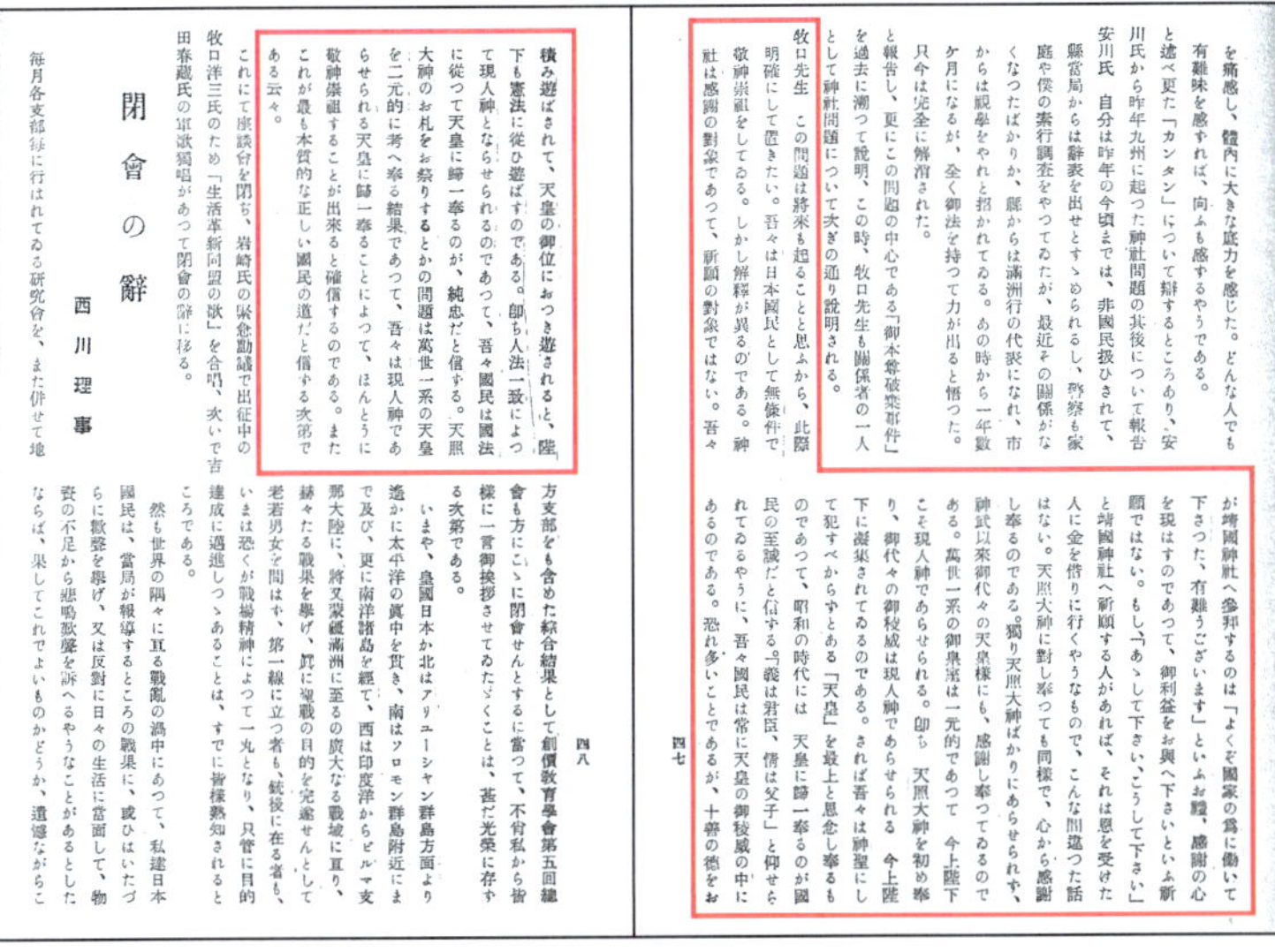

を痛感し、體内に大きな底力を感じた。どんな人でも有難味を感ずれば、向ふも感ずるやうである。

と述べ更た「カンタン」について辯するところあり、安川氏から昨年九州に起つた神社問題の其後について報告

安川氏　自分は昨年の今頃までは、非國民扱ひされて、縣當局からは辭表を出せとすゝめられるし、警察も家庭や僕の素行調査をやつてゐたが、最近その關係がなくなつたばかりか、縣からは視學をやれと招かれてゐる。あの時から一年數ケ月になるが、全く御法を持つて力が出ると悟つた。只今は完全に解消された。

と報告し、更にこの問題の中心である「御本尊破棄事件」を過去に溯つて說明、この時、牧口先生も關係者の一人として神社問題について次ぎの通り說明される。

牧口先生　この問題は將來も起ることと思ふから、此際明確にして置きたい。吾々は日本國民として無條件で敬神崇祖をしてゐる。しかし解釋が異るのである。神社は感謝の對象であつて、祈願の對象ではない。吾々が靖國神社へ參拜するのは「よくぞ國家の爲に働いて下さつた、有難うございます」といふお禮、感謝の心を現はすのであつて、御利益をお與へ下さいといふ祈願ではない。もし「あゝして下さい、こうして下さい」と靖國神社へ祈願する人があれば、それは恩を受けた人に金を借りに行くやうなもので、こんな間違つた話はない。天照大神に對し奉つても同樣で、心から感謝し奉るのである。獨り天照大神ばかりにあらせられず、神武以來御代々の天皇樣にも、感謝し奉つてゐるのである。萬世一系の御皇室は一元的であつて　今上陛下こそ現人神であらせられる。即ち　天照大神を初め奉り、御代々の御稜威は現人神であらせられる　今上陛下に凝集されてゐるのである。されば吾々は神聖にして犯すべからずとある「天皇」を最上と思念し奉るものであつて、昭和の時代には　天皇に歸一奉るのが國民の至誠だと信ずる。「義は君臣、情は父子」と仰せられてゐるやうに、吾々國民は常に天皇の御稜威の中にあるのである。恐れ多いことであるが、十善の徳をお

四七

積み遊ばされて、天皇の御位におつき遊ばされると、陛下も憲法に從ひ遊ばすのである。卽ち人法一致によつて現人神とならせられるのであつて、吾々國民は國法に從つて天皇に歸一奉るのが、純忠だと信ずる。天照大神のお札をお祭りするとかの問題は萬世一系の天皇を二元的に考へ奉る結果であつて、吾々は現人神であらせられる天皇に歸一奉ることによつて、ほんとうに敬神崇祖することが出來ると確信するのである。またこれが最も本質的な正しい國民の道だと信ずる次第である云々。

これにて座談會を閉ぢ、岩崎氏の緊急動議で出征中の牧口洋三氏のため「生活革新同盟の歌」を合唱、次いで吉田春蔵氏の軍歌獨唱があつて閉會の辭に移る。

閉會の辭

西川理事

毎月各支部毎に行はれてゐる研究會を、また併せて地方支部をも含めた綜合結果として創價教育學會第五回總會も方にこゝに閉會せんとするに當つて、不肖私から皆樣に一言御挨拶させてゐたゞくことは、甚だ光榮に存ずる次第である。

いまや、皇國日本か北はアリユーシャン群島方面より遙かに太平洋の眞中を貫き、南はソロモン群島附近にまで及び、更に南洋諸島を經て、西は印度洋からビルマ支那大陸に、將又蒙疆滿洲に至るの廣大なる戰域に亘り、赫々たる戰果を擧げ、眞に聖戰の目的を完遂せんとして老若男女を問はず、第一線に立つ者も、銃後に在る者も、いまは恐くが戰場精神によつて一丸となり、只管に目的達成に邁進しつゝあることは、すでに皆樣熟知されるところである。

然も世界の隅々に亘る戰亂の渦中にあつて、私達日本國民は、當局が報導するところの戰果に、或ひはいたづらに歡聲を擧げ、又は反對に日々の生活に當面して、物資の不足から悲鳴歎聲を訴へるやうなことがあるとしたならば、果してこれでよいものかどうか、遺憾ながらこ

四八

『大善生活実証録』

2、戸田氏の時代

①　戸田氏の宗門観・僧侶観

【『学会要綱』の主張】

「牧口先生の遺志を継いだ戸田城聖先生は、出獄（一九四五年七月三日）後、創価学会の再建に取り組むとともに、民衆のための宗教改革を訴え続けた。一九四九年七月、機関誌『大白蓮華』の創刊号に寄せた巻頭言では、『宗教革命』と題して、釈尊の精神から逸脱し葬式仏教と化した僧侶の堕落を、『仏教界においても、僧侶は、ただ食うための坊主商売であり、葬式と墓場の管理人にすぎない。その教義や説法も、大衆の日常生活とは何の関係もなく、これこそ大衆から遊離した無用の長物といわざるをえない（中略）すべてが釈尊の意図と相反した原因は、まず従来の僧侶が形式に流れて実質をうしない、大衆の生活を考えずして、自己の保身にこれ努めた結果にほかならない』と批判した。なかんずく戸田先生は、牧口先生を獄死に追いやった宗門の悪を決して許さなかった。宗門が二度と道を踏み外さないよう、直言も辞さなかった」（一四一ジペー）

『学会要綱』では、戸田城聖氏の『大白蓮華』創刊号の巻頭言（『大白蓮華』昭和二四年七月号一ページ）を引用して、僧侶は「葬式と墓場の管理人」に過ぎず、その教義や説法も「大衆から遊離した無用の長物」であると、戸田氏が宗門僧侶を批判したように述べている。しかし、戸田氏のいう僧侶や教義・説法は、本宗ではなく一般仏教を指したものであることは明らかである。

その証拠として、戸田氏の宗門観・僧侶観がよく表れている「僧侶の大功績」と題する文章には、

「かゝる何十万の動物の中で同じ姿こそしておれ厳然として人であり、人の中でも立派な僧侶と名づけ可き百数十人の小さな教団がある。此の教団こそ日本の宝であり仏の御仰せの僧宝であると吾人の尊敬すべきところで誠に珍らしい教団である。日蓮正宗の僧侶の教団こそこれである（中略）僅か小勢百数十人の僧侶が愚僧悪僧邪僧充満の悪世によく耐えるもので、大聖人の『御出世の御本懐』たる弘安二年十月十二日御出現の一閻浮提総与の大御本尊を守護し奉つて、七百年間、塵もつけず敵にも渡さず皆々一同代々不惜身命の心掛けで一瞬も身に心に身心一つに御本尊を離れずに今日に至つたのである（中略）此の上に大聖人の御教義は、深淵にして厳博であつて愚侶の

伝へ得可きことではないのに、賢聖時に応じて御出現あらせられ、何等損するなく、何等加ふるなく今日まで清純にそのまゝに伝へられたと言ふことは仏法――真実の仏法哲学を滅しないことであり、実に偉大なる功績ではないか」

（『大白蓮華』昭和二六年六月号巻頭言）

と、日蓮正宗の僧侶は日本の宝であり、大御本尊と正法を今日まで清純に伝えてきたことを「偉大なる功績」と称えている。

この言葉からも明らかなように、戸田氏は〝宗門が道を踏み外した〟とは考えていなかったのである。

② 大石寺の観光地化について

【『学会要綱』の主張】

「戸田先生は、日蓮大聖人の仏法を興隆するという広い観点から、衰微した宗門を復興するための援助も惜しまなかった。戦後の農地改革によって多くの土地を失った宗門の経済的基盤の確立に尽力し、五重塔の修復をはじめ、奉安殿や大講堂など多くの伽藍を建立・

寄進し、各地の寺院の建立も進めていった。また、戸田先生は、一九五二年十月、大石寺の観光地化の動きから宗門を護り、月例の登山会（大石寺参詣）を開始した」（一四二ジペー）

『学会要綱』では、大石寺に観光地化の動きがあったと述べている。ここでいう観光地化とは、主に昭和二十五年十一月二十三日に開催された「富士北部観光懇談会」を指していうのであろう。

この懇談会において堀米日淳総監（第六十五世日淳上人）は、

「近来観光に付いて社会では色々と施設や計画が進められてゐるが当本山として、今迄そうゆう事には無関心の如くに見られてゐた。今後は清浄なるこのお山をけがすことなく世道人心に益（やく）したい」（『大日蓮』昭和二五年一二月号七ジペー）

と挨拶している。また、出席した富士宮市長や富士宮新聞記者団から、総本山の境内整備に当たっての種々の希望が出されている。

「観光地化」というと、様々な観光施設を設けたり、拝観料を取ったりといったことを想起させるであろう。しかし同日の懇談会で話し合われた内容は、境内整備のことであり、一般的な観光地化という話ではない。事実、大石寺では古来、謗法者の供養は受けておらず、見学者から拝観料を取ったり、賽銭(さいせん)箱などを置いたこともないのである。

学会が登山会を開始したことについては、戸田氏が、

「なんといっても、御本山に登り、親しく大御本尊を拝まなくては、本物の信心にはなれない」(『戸田城聖全集』三—四九〇ページ)

と、登山の大事について述べているように、純粋に総本山大石寺に参詣して本門戒壇の大御本尊の御開扉をいただくことを推進するものであった。

また『学会要綱』では、戸田氏は「五重塔の修復をはじめ、奉安殿や大講堂など多くの伽藍(がらん)を建立・寄進し」たとしている。これらの諸堂宇の修復や建立は、学会が日蓮正宗の信徒団体であった時、信仰の発露として仏祖三宝への御報恩のためになされたものである。

しかも、五重塔の修復については、戸田城聖会長が当時の学会の行動に対する謝罪状(御詫状)を第六十四世日昇上人に奉呈した際、同状のなかで、

「護惜建立の誠を顕わさんが為に此由緒ある宝塔を我等創価学会に於て修復したいと存じます。若し猊下の御徳と御慈悲によってこれが修復の儀を我等創価学会に御下命下さらば、会員一同の喜び此れに過ぐるものなく奮起勇躍して御奉公致す覚悟で御座

居ます」（『聖教新聞』昭和二七年八月一日付）

と願い出たものである。

それを謗法団体となった現在の創価学会が恩着せがましく言うのは、当時の戸田氏や会員の心を踏みにじるものである。

③　学会の宗教法人取得について

【『学会要綱』の主張】

「戸田先生は、創価学会を一つの独立した宗教法人として発足させた。そこには、在家教団の創価学会が、宗門を外護しつつ、時代と社会に即して広宣流布を推進できるように、との戸田先生の英断があったのである」（一四三ジペー）

『学会要綱』では、「創価学会を一つの独立した宗教法人として発足させた」というが、当時の学会は宗門から離れた単独の在家教団という考えはなかった。つまり、昨今の学会がいうように、別団体である創価学会が宗門に協力したというわけではない。

創価学会は、昭和二十七年八月二十七日、東京都知事より宗教法人の認証を受けたが、その前年の「設立公告」に掲げる「宗教法人『創価学会』規則」には、その目的として、

「この法人は、日蓮大聖人の一閻浮提総与の大曼陀羅を本尊とし、かたわら日蓮正宗の教旨をひろめ、儀式行事を行い、信者を教化育成し、その他正法興隆・衆生済度の聖業に精進するための業務及びその他の事業を行うことを目的とする」

(『聖教新聞』昭和二六年一一月一日付)

と、日蓮正宗の信徒の団体として、一閻浮提総与の戒壇の大御本尊を信仰し、日蓮正宗の教義を弘めることを標榜(ひょうぼう)していたのである。戸田氏は、宗教法人設立の意図について、

「我々の折伏活動が全国的活動となり、邪宗との決戦に至る時の大難を予想し、本山を守護し諸難を会長の一身に受けるの覚悟に外ならないということ。二つには将来の折伏活動の便宜の上から宗教法人でなければならない」

(同 昭和二六年一二月二〇日付)

と、総本山を外護し、広宣流布を進めるためと説明していた。

そこで日蓮正宗は創価学会に対して、

「1、折伏した人は信徒として各寺院に所属させること。

2、当山の教義を守ること。

3、三宝（仏・法・僧）を守ること」（同）

との三箇条（三原則）を提示し、戸田氏もこの三箇条の遵守を誓約したので、日蓮正宗として創価学会の宗教法人の設立を認めることになったのである。

池田の時代になっても、昭和五十三年十一月七日に開催された通称「お詫び登山」（昭和五十二年路線に対するお詫び「⑷昭和五十二年教義逸脱（いつだつ）路線とその後」本書一八七ジペー参照）の席上、北条浩理事長は、

「戦後再建の時から今日に至る、宗門と学会との三十年余りに及ぶ関係を顧みたうえで、創価学会は昭和二十七年の宗教法人設立時の三原則を遵守し、日蓮正宗の信徒団体としての性格を、いっそう明確にしてまいる方針であります」

（同昭和五三年一一月八日付）

と発言している。この時も学会は、宗教法人設立時の三原則を遵守することと、日蓮正宗の信徒団体としての在り方を守るということを表明しており、これが創価学会の基本姿勢であった。

なお、戸田氏は創価学会の在り方について、小樽問答（小樽市で行われた学会と日蓮宗

との法論）の翌日の昭和三十年三月十二日に、第六十四世日昇上人に対し法論の結果を御報告申し上げた際、

「創価学会はいつ、つぶれてもいいのである。しかし、宗門だけは絶対につぶしてはいけない。宗門のための創価学会である」（『大白法』平成四年四月一六日号）

旨の発言をしていたことが、当時の柿沼広澄庶務部長（大東院日明贈上人）の日記に書き記されている。

また、昭和三十一年八月十日の岡山市妙霑寺の落慶入仏式の折に、戸田氏は日淳上人に対し、

「これから学会がどんどん大きくなっていくと思いますけど、もし学会が大きくなって、宗門に圧力をかけたり、加えたり、或いは内政干渉するようなことがあったら、いつでも解散をお命じください」（同号）

と述べていた。このことは、当日、日淳上人に随行していた吉田義誠師（常健院日勇上人）ほか複数の僧俗が耳にしている。

戸田氏は、

「戸田は決して一宗一派を開く者ではございません。ただ生命の続く限り御本山へ忠

誠一途に尽くすのみであります」(『折伏教典』校訂再版三六七ジペー)

とも述べていた。このように戸田氏は、あくまで日蓮正宗を護るところに創価学会の目的と存在の理由があるという気持ちを強く持っていた。

戸田氏と同様に当時の学会員も、七百年の歴史ある日蓮正宗の信徒として、総本山大石寺に対する深い信仰を持っていた。学会が日蓮正宗から破門されて三十数年、今日の会員は騙(だま)せても、過去の真実の歴史を改変することはできない。

3、池田の時代

① 第一次学会問題

『学会要綱』では、池田が創価学会第三代会長であった十九年間の出来事を「第一次宗門事件」とした上で、正本堂の建立、「仏教史観を語る」と題する講演、池田大作の会長辞任等について述べている。

池田は戸田第二代会長逝去の二年後、昭和三十五年五月三日に第三代会長に就任したが、その就任式の席上、創価学会の在り方について、

「申すまでもなく、わが創価学会は日蓮正宗の信者の団体であります。したがって、私どもは大御本尊様にお仕え申しあげ、御法主上人猊下にご奉公申しあげることが、学会の根本精神だと信じます」（『聖教新聞』昭和三五年五月六日付）

と発言していた。

(1)　正本堂の建立について

【『学会要綱』の主張】

「一九七二年十月、池田先生が発願主となって建立・寄進した正本堂は、広宣流布の象徴として画期的な意義を持つものであった。池田先生は、正本堂の完成をもって広宣流布の第二章が到来したことを宣言し、広宣流布は流れそれ自体であるという新たな広宣流布観を示し、平和・文化・教育の運動を本格的に推進していった」（一四四ジペー）

『学会要綱』では、正本堂について「広宣流布の象徴として画期的な意義を持つもの」とだけ述べているが、本門戒壇の大御本尊を御安置申し上げ、御開扉を執り行った堂宇であることには全く触れていない。

池田は、昭和三十九年五月三日、本門戒壇の大御本尊を御安置する堂宇として正本堂の建立寄進を発表した。その後、池田は正本堂が大聖人御遺命の戒壇、すなわち広宣流布の暁（あかつき）に建立されるべき「本門寺の戒壇」そのものであり、それを自分が建立するとの慢心を抱き、それを認めるよう宗門に迫った。しかし、日達上人はこれを退けられ、昭和四十七年四月二十八日付の『訓諭』において、

「正本堂は、一期（いちご）弘法付嘱書並びに三大秘法抄の意義を含む現時における事の戒壇なり」（『日達上人全集』二―一―三ページ）

との定義を示し、広宣流布の達成は未来にあることを明確にされた。

それにもかかわらず池田は、正本堂の完成によって大聖人の御遺命を達成したとすることに執着し、これよりは広布第二章なるものが始まるとして、学会主・宗門従という独自の路線を展開することになったのである。

(2)「仏教史観を語る」と題する講演に至る経緯

【『学会要綱』の主張】

「一九七七年一月十五日、池田先生は、第九回教学部大会で、『仏教史観を語る』と題する講演を行った。その中で池田先生は、『宗教のための人間』から『人間のための宗教』への転換こそ仏教の本義であることを指摘し、本来の仏法は、在家・出家の別なく、世間の地位や身分も関係なく、万人が仏になる道を説いたものであることを論じた。そして、在家と出家の本義に言及し、『現代において創価学会は在家、出家の両方に通ずる役割を果たしているといえましょう。これほど、偉大なる仏意にかなった和合僧は世界にないのであります』と述べた。さらに、寺院の歴史についても論を展開し、寺院は、人々が集って成道を目指し、仏道修行に励み、布教へと向かう拠点であり、その本義の上から、創価学会の会館や研修所は『現代における寺院』ともいうべき役割を果たしていると語った。講演はあくまでも大聖人の仏法の本義の上から論じた内容であったが、創価学会の発展を快く思わない日蓮正宗の僧たちはこれを宗門批判であると捉え、創価学会を攻撃するようになった」(一四四ジペー)

正本堂が建立された際、直ちに御遺命の戒壇とは認めない日達上人に対し池田は不満を募らせていき、ついには、昭和五十二年路線といわれる本宗の教義を逸脱した謗法路線が展開されていった。

そのなかで池田は、昭和五十二年一月十五日、関西戸田記念講堂で「仏教史観を語る」と題する講演を行ったが、その内容は、学会による宗門支配か分離独立かを示唆(しさ)するものであった。その背景をうかがうものとして、昭和四十九年四月十二日付で、池田に宛てられた『山崎・八尋文書』と言われる報告書がある。この文書の作成者は、当時池田の側近中の側近であった山崎正友創価学会顧問弁護士(のちに宗門に帰伏)と、八尋頼雄弁護士である。そこには、次のように記されている。

「今後の私達の作業の進め方について。

本山の問題については、ほぼ全容をつかみましたが、今後どのように処理して行くかについて二とおり考えられます。一つは、本山とはいずれ関係を清算せざるを得ないから、学会に火の粉がふりかからない範囲で、つまり、向う三年間の安全確保をはかり、その間、学会との関係ではいつでも清算できるようにしておくという方法であり、いま一つは、長期にわたる本山管理の仕掛けを今やっておいて背後を固めるという方法です。本山管理に介入することは、火中の栗をひろう結果になりかねない危険が多分にあります。しかし、私の考えでは本山、正宗は、党や大学、あるいは民音以上に学会にとっては存在価値のある外郭だと思われ、これを安定的に引きつけておくことは、広布戦略の上で欠かせない要素ではないかと思われます。こうした観点から、後者の路線ですすむしかないように思われます。そのための布石としては、

(1)本山事務機構（法人事務、経理事務の実質的支配）
(2)財政面の支配（学会依存度を高める）
(3)渉外面の支配

素ではないかと思われます。
こうした観点から、後者の
路線ですすむしかないよう
に思われます。
そのための布石としては、
(1)本山事務機構（法人事務、
経理事務）の実質的支配
(2)財政面の支配（学会依
存度を高める）
(3)渉外面の支配
(4)信者に対する統率権の
支配（末寺、宗規における
法華講総講頭の権限の
確立、海外布教権の確
立等）
(5)墓地、典礼の執行権の
掌握
(6)総代による末寺支配
が必要です。これらのことは
機会をとらえながら、さりげな
く行うことが必要であり、今回
のことは、(1)、(2)、(3)を確立し
更に(4)まで確立できるチャン
スではあります。
いずれにせよ、先生の高度
の判断によって決せられる
べきと思いますので、ご裁断
をあおぐ次才です。

池田大作への報告書

『山崎・八尋文書』

⑷信者に対する統率権の支配（宗制・宗規における法華講総講頭の権限の確立、海外
　布教権の確立等）
⑸墓地、典礼の執行権の移譲
⑹総代による末寺支配
が必要です。これらの事は機会をとらえながら、さりげなく行うことが必要であり今回のことは、⑴、⑵、⑶、を確立し更に⑷まで確立できるチャンスではあります。いずれにせよ、先生の高度の判断によって決せられるべきと思いますので、ご裁断をあおぐ次第です」
と記されている。これは、まさに宗門乗っ取り、もしくは分離独立を考えるという内容である。そこには宗門外護・僧俗和合などという精神はどこにも見られない。
　実際にこの数カ月後、「信者に対する統率権の支配」「海外布教権の確立」とあるように、学会に「日蓮正宗国際センター」を作るという動きがあった。
　日達上人は、昭和四十九年七月二十七日に開催された「宗門の現況に関する説明並びに指導会」において、
　「先月の中頃でしたか、私は北条副会長、並びに山崎弁護士が来られまして、時に私

は申し上げました。その時、『国際センター』を作ると、『日蓮正宗国際センター』を作るに当たって、創価学会と日蓮正宗と、その真ん中にもう一つその上に『日蓮正宗国際センター』というものを作るというような趣旨で来られました。私ははっきり断りました。日蓮正宗は日蓮正宗としての一つ宗教法人である。大聖人様の遺命によって広宣流布を全(まっと)うしなければならない但一つの宗旨である。それをその上に一つまた『国際センター』という、『日蓮正宗国際センター』というものができるとなれば、正宗としてはその上にまたもう一つ、被宗教法人ができる。我々は被宗教法人の下についていくんだから、意味がなくなってしまう、日蓮正宗としての意味が。また御戒壇の大御本尊をお守りしてるというのも、今度はできなくなってしまう。その上の宗教法人において、どうとかこうとか言われたら、こっちはその下につくんだから、何ともすることができなくなる。その意味からはっきり断りました。私はどこまでも日蓮正宗は、大聖人の教義を守って、そしてたとえ小さくてもよろしいから行きますと、また今皆様のおかげで大きくなっておるけれども、今もともと小さくなっても、どなたかまた、大きくする手伝いしてくれる人もあるかもしれない。だから私はどこまでも、大聖人の仏法を守るといって、はっきりその日蓮正宗の上につく『日蓮正宗国際センター』というものを私は否定といいますか、お断りしたわけです。それから端を発して、色々のその後の最近の一年間二年間にわたるところの学会の教義の違い、謗法のあり方ということを、私は申し上げました。で遂にそのために二人は帰っていきました」

と述べられている。学会は、創価学会と日蓮正宗のその上に日蓮正宗国際センターを作ることによって宗門を支配しようとし、日達上人はこの構想を断固として断られたのである。

また『山崎・八尋文書』の中に「経理事務の実質的支配」「財政面の支配」とあるが、実際に学会が大石寺の会計を調べに来たことがあった。このことについても日達上人は、同日の指導会（昭和四十九年七月二十七日）で、

「大石寺の会計も調べると、そりゃ会計を調べる大石寺も宗教法人で、このその年その年に、税務署へちゃんと会計報告して通っておる。それにもかかわらず、また第三者が来て会計報告まで調べるというのは、どうも私は意味がとれない。その時にもし、北条さんがいうには、もし調べさせなければ手を別つと、おさらばするとはっきり言った。私はびっくりしました。こういう根性じゃ、これは駄目だと。会計を見せなければ自分から正宗から手を切るというのです。だけどもその時はその時で放っておいたけ

れども、で一応見せてあげましょうと見せまして、会計をはっきりこの三月からひと月かふた月かかって、むこうの会計主任というですか、何か偉い人が学会の会計主任の方が来て、こっちへ三・四人家来を連れてきて調べまして、結局調べたけれども金があるわけじゃない。正宗に金を隠してある金があるわけじゃない。同じことなんです。税務署へちゃんと出すだけのことだ。結局それで済んじゃって二ヶ月か三ヶ月調べたけれどもそれから消えちゃった。もう来なくなっちゃった。そんならもう要りませんと言うのかと思ったら要りませんも言わないし、それっきりやめちゃったんだから、もうきっと見るところがなかったんでしょう」

と述べられている。北条浩は「もし調べさせなければ手を別つ、おさらばする」と、到底信徒とは思えない暴言を吐いたのである。

このように当時の宗門と学会は緊張状態にあったが、その原因は学会の宗門に対する姿勢にあった。その延長線上にあったのが、「仏教史観を語る」と題する池田の講演である。『大白蓮華』(昭和五二年三月号二〇ページ)に掲載されたこの講演の小見出しには、

〝人間のため〟こそ仏法の根本精神

民衆遊離が退廃を招く

学会は御本仏に直結の実践
供養は仏法のためになすもの
御本尊を受持する在家の人も法師
我らも出世間の自覚
学会の会館は民衆蘇生の道場
神力品の「斯の人」に深意

とある。これは池田が長い間画策してきた創価学会の分離独立構想をより具体的な形で発表したものであった。

『学会要綱』では、

「講演はあくまでも大聖人の仏法の本義の上から論じた内容であったが、創価学会の発展を快く思わない日蓮正宗の僧たちはこれを宗門批判であると捉え、創価学会を攻撃するようになった」（一四五ジペー）

第9回教学部大会記念講演

池田会長

仏教史観を語る

〝人間のため〟こそ仏法の根本精神

本日の教学部大会、まことにおめでとうございます。また、お寒いところ、大変にご苦労さまでございます。私はこの席上におきまして、若干、仏教史を俯瞰しつつ、日ごろ考えてきましたことを、懇談的に話させていただきたいと思います。

一、まず、私は宗教革命ということに関連しまして、仏教というものの本来の精神に多少ふれておきたいと思います。

仏教は、本来、革命の宗教なのであります。釈尊が仏教を興したのも、権威主義に堕し、悩める民衆の救済を忘れたバラモン教に対抗して、宗教を人間の手に取り戻すためであったことは、周知の事実であります。

〝宗教のための人間〟から〝人間のための宗教〟への大転回点が、実に仏教の発祥であったのであります。仏教はまさしく民衆蘇生のための革命のなかから生まれたといっても過言ではないのであります。

民衆遊離が退廃を招く

しかし、その仏教も、時代を経るにつれて、出家僧侶を中心とする一部のエリートたちの独占物となっていくのであります。在家の供養で支えられた僧院の中で、学問的に語られるにすぎないものとなっていったことは、皆さんもよくご承知のところでしょう。すなわち、再び〝宗教のための人間〟への逆流が起こり始めていってしまったのであります。

これが小乗仏教といわれるものであります。これに対する宗教革命が大乗仏教運動でありました。

すでに、釈尊滅後百年ごろ、仏教教団が二つに大きく分裂した有名な事件があった。いわゆる「上座部」と「大衆部」の分裂がそれであります。

『大白蓮華』　昭和52年3月号

とすり替えているが、宗門僧侶は創価学会の「大聖人の仏法の本義」からの逸脱を正したのである。

それ故、宗門からの指摘に対して、のちに創価学会は「教学上の基本問題について」（通称「六・三〇」）を『聖教新聞』紙上に発表し、反省の意を示した。（本書一八九ジペー参照）

(3) 本尊模刻について

この時期、学会による御本尊の模刻が発覚した。ここで昭和五十二年路線の最たる出来事として、創価学会による本尊模刻について述べておく。

昭和四十九年九月二日、宗門と学会の連絡会議の席上、池田より「学会本部安置の紙幅の御本尊様が、年月を経て傷みがひどいので板本尊にしていただきたい」旨の願い出があり、その報告を受けた日達上人はこれを了承された。ただしこの時の日達上人は、新たに御本尊の下付申請があとから正式に総本山にあるという御認識であった。

ところが学会は、総本山に正式に願い出ないまま、学会本部の紙幅の通称「慈折広布の御本尊」の写真撮影を行い、それを元に勝手に板本尊を複製・模刻して、昭和五十年元旦、池田が自ら入仏開眼式を行ったのである。

ここで留意すべきは、学会が複製・模刻した板本尊は、紙幅の御本尊をそのままに、別の本尊を新たに勝手に造立したということである。しかも、信徒である池田がその開眼を行うことなど、絶対にあり得ないことであった。

当然のこととして、池田が入仏開眼式を行ったことに会員や幹部から疑問の声が上がった。この報告を受けた日達上人は、大変驚かれたものの、信徒の動揺を抑えるため追認の形を取られたのである。

それでも学会内部は収まらず、学会では体裁を取り繕(つくろ)うために、入仏法要を宗門に願い出、早瀬日慈総監（観妙院日慈上人）を学会本部に迎えて、昭和五十年十月二十三日、板御本尊入仏法要が行われた。さらに学会は、日達上人に開眼法要のため学会本部へのお出ましを願ったが、日達上人は池田の申し出を絶対に受けなかったのである。

また昭和五十二年になると、前述の「仏教史観を語る」の講演があり、その結果として池田は内外から突き上げをくらい、学会組織は大混乱となってしまった。学会では事態収拾のため、再三再四、日達上人の本部へのお出ましを懇願したのである。日達上人としても、信徒が動揺を来たすことを不憫(ふびん)と思(おぼ)し召され、御慈悲の上から、昭和五十二年十一月九日、創価学会創立四十七周年慶祝法要への御出仕という名目で、本尊模刻から三年越しに学会本部にお出ましになり、この騒動の決着を図られたのである。

ところが、昭和五十三年正月、年始の挨拶のためお目通りした赤沢朝陽（当時総本山から板御本尊謹刻の仕事を受けていた仏師）の社長から、日達上人に「多数の本尊を池田の依頼で模刻した」との報告がなされたのである。大変驚かれた日達上人は、東京大宣寺の菅野慈雲師（常観院日龍贈上人）に調査を命じられ、その結果、新たに七体の板本尊が勝手に複製・模刻されていたことが判明した。その内訳は、

一、関西本部安置本尊（日昇上人　昭和三十年十二月十三日）

二、ヨーロッパ本部安置本尊（日達上人　昭和三十九年十二月十三日）

三、創価学会文化会館安置本尊（日達上人　昭和四十二年六月十五日）

四、学会本部会長室安置本尊（日達上人　昭和四十二年五月一日）

五、アメリカ本部安置本尊（日達上人　昭和四十三年六月二十九日）

六、賞本門事戒壇正本堂建立本尊（日達上人　昭和四十九年一月二日）

七、池田大作授与お守り本尊（日昇上人　昭和二十六年五月三日）

である。つまり池田は、本部常住の御本尊以外にも七体の御本尊を、宗門に無断で複製・模刻した上、各地の会館に安置していたのである。

昭和五十一年十月二十八日、十和田の東北総合研修所・牧口記念館を訪れた時、池田は、

「私が昭和二十六年五月三日に日昇猊下より頂戴しました御本尊をお持ちいたしました。東北を厳然と守りたい。（私自身が）なかなかおじゃまできないので、この研修所に御安置しておきたい。そういう意味で小さい御本尊を東北創価学会の続くかぎり、この記念館にご安置申し上げて、皆さん方を守りたいと、お持ちしました」

（『週刊サンケイ』昭和五五年一〇月二三日号四一ページ）

と発言したとされる。また池田は、昭和五十一年十一月十四日、富山支部結成十六周年記念勤行集会で、

「口外はしていただきたくない。そこには創価学会の会長室の御本尊を安置させていただきます。これは今までなかなか富山のみなさん方の激励はできなかったわけだけれども、その御本尊を安置してみなさんを厳然と守りたい。……私が私の部屋にある御本尊様をこの富山の地に私は置きますから、全部牧口堂として、そこを参拝して力を出していただきたい。そして、この事は決して口外しないで下さい。御本尊は全部同じです！印刷の御本尊も常住御本尊もどんな御本尊も同じであります」

（段勲著『創価学会・池田大作打倒の反乱』一七〇ページ）

と、「四、学会本部会長室安置本尊」や「七、池田大作授与お守り本尊」の模刻本尊を、その地域を守るため、自分の代わりに安置するという、驚くべき増上慢の発言をしたという。

この件が発覚して、日達上人から「人目にさらしてはならない」旨の厳しい叱責を受けた学会は、学会本部の御本尊を除く七体の模刻本尊を総本山に納めた。

これら模刻本尊について学会では、昭和五十三年十一月七日の通称「お詫び登山」の際、辻副会長が、

「不用意にご謹刻申し上げた御本尊については、重ねて猊下の御指南をうけ、奉安殿にご奉納申し上げました。今後、御本尊に関しては、こうしたことも含めて、お取り扱い、手続きなどは、宗風を重んじ、一段と厳格に臨んでまいりたいと思います」

(『聖教新聞』昭和五三年一一月八日付)

と、その非を謝罪した。

破門されたのちに、学会では、

「一連の本尊の模刻はすべて日達上人の了解を得たう

く認識していかねばなりません。
その意味からも、不用意にご謹刻申し上げた御本尊については、重ねて猊下のご指南をうけ、奉安殿にご奉納申し上げました。今後、御本尊に関しては、こうしたことも含めて、お取り扱い、手続きなどは、宗風を重んじ、一段と厳格に臨んでまいりたいと思います。
第二には、唯授一人、血脈付法

『聖教新聞』昭和53年11月8日付
辻副会長による謝罪

えで行ったのであり、学会に非はなかった」(同 平成五年九月三〇日付・趣意)

と、歴史の改竄(かいざん)を謀(はか)っている。

しかし、当時宗務院庶務部長だった藤本日潤能化は日達上人の、

「許可した覚えはない」(『創価学会の偽造本尊義を破す』一〇五ページ)

とのお言葉を挙げた上で、日昇上人の紙幅の御本尊を、写真複製によって板本尊にすることなど断じて許可されていないと証言している。破門後の学会の主張は全くの虚構であり、学会を善導しようと心を砕かれた、日達上人に対する冒涜以外の何物でもない。

(4) 昭和五十二年教義逸脱路線とその後

創価学会の「昭和五十二年路線」における教義逸脱の主なものは、

①創価仏法の原点は、戸田会長の獄中の悟達にある
②唯授一人の血脈否定・途中の人師論師は無用・大聖人直結
③人間革命は現代の御書
④池田会長に帰命、池田会長は主師親三徳・大導師・久遠の師である
⑤寺院は単なる儀式の場、会館は広布の道場

⑥謗法容認（祭りへの参加等）
⑦供養は在家でも受けられる
などであった。

これらは、教義の逸脱、血脈軽視、僧侶・寺院軽視であり、明らかに大聖人の仏法ではない。その誤りに対して宗内の僧侶から厳しく指弾され、また学会内部からも不審を抱いて脱会する者が続出し、学会は危機的状況に陥った。

そこで学会は、昭和五十二年十一月十四日、宗門に対して「僧俗一致の原則（五カ条）」と、それに付随する「七カ条」の弁明案を提出してきた。

この学会からの案を巡って、昭和五十三年二月九日と同二十二日の二度にわたり、宗門の代表者および多数の傍聴者が集まって、時事懇談会が開催された。九日の懇談会では「学会と袂を分かつべし」との意見があったが、二十二日の懇談会において日達上人より「池田会長が謝罪してきたので、学会と手を切るということではなく、いかに協調していくかを検討するように」とのお言葉があり、協調の方向で宗内から多数の意見が出されたのである。

このような経過を踏まえて、同年六月十九日、宗門は教義逸脱に関する三十四カ条の質問を学会に提示した。その回答として、学会は六月三十日、『聖教新聞』紙上に「教学上の基本問題について」（「六・三〇」）を発表した。

この「教学上の基本問題について」と題した学会の教義逸脱に関する訂正文は、新聞の目立たない第四面に、宗門からの質問は載せず、学会の回答のみを掲載しただけであったため、多くの学会員は内容を理解できなかった。このような、学会側の不誠実な対応は、かえって宗門僧侶や脱会者達の反発を招き、事態はさらに混迷の度を増していったのである。さらにこの時期、先に挙げた本尊模刻事件が発覚した。

これらのことで窮地に追い込まれた学会は、事態を収拾するために昭和五十三年十一月七日、「お詫び登山」といわれる創価学会創立四十八周年記念登山代表幹部会

教学上の基本問題について

『聖教新聞』　昭和53年6月30日付
教学上の基本問題について

（通称「十一・七」）を日達上人御臨席のもと総本山において開催し、そこには全国の僧侶も出席した。席上、北条理事長、辻副会長、池田会長がそれぞれ陳謝の意を表明したのである。

⑸　池田の会長辞任について

【『学会要綱』の主張】

「池田先生はじめ創価学会は、広宣流布のために事態の収拾に努め、宗門と幾度も対話を試みた。しかし、学会幹部の失言事件などがあり、宗門内はさらに強硬な姿勢になっていった。その中で、池田先生は一九七九年四月二十四日、広宣流布の未来と創価学会員を守り抜くために、会長を辞任した。自ら辞任することによって解決を図り、混乱を収拾することを優先したのである」（一四五ジ一）

昭和五十四年になっても、学会による「六・三〇」「十一・七」の徹底は不十分なものであり、宗内僧俗からの学会・池田への反発と不信はさらに高まっていった。

そうしたなか、新たに大幹部による宗門軽視の発言や、讃岐本門寺への誹謗中傷が発覚し、宗門は学会に対して抗議の質問書を送付した。これに対する学会側の返答は不誠実なものであった。

三月三十一日、法華講連合会は緊急理事会を開き、池田に対して法華講総講頭の辞任勧告を決議した（『大白法』昭和五四年四月三日付号外）。

ついに追い込まれた池田は、四月二十四日、一連の問題の責任を取って会長を辞任し、同月二十六日、法華講総講頭を辞任した。

池田は、

「この際、会長辞任とあわせて、私は二十二日、御法主日達上人猊下に法華講総講頭の辞任を申し出ました。これは、近年、御宗門との関係で、皆様方に多大なご心労をおかけし、御法主上人猊下のご宸襟(しんきん)を悩まし申し上げてきたことに対し、過去の経過の一切の責任をとらせていただくものであります」

辞任願

私儀

このたび一切の責任をとらせて頂きたく謹んで 法華講総講頭を辞任させていただきます

これからも信心第一で御宗門を外護申し上げ 御奉公いたしてまいる所存でございます

御法主上人猊下におかれましては 何とぞ永遠の僧俗和合への大慈悲を賜りますようここに伏してお願い申し上げます

昭和五十四年四月二十六日

池田大作 ㊞

日蓮正宗管長

細井日達殿

池田大作の法華講総講頭辞任願

と謝罪している。

（『聖教新聞』昭和五四年四月二五日付）

日達上人は同月二十八日の教師代表者会議において、池田の会長・総講頭の辞任の経過を説明するとともに、池田が「学会のことに口を出さない」「院政は絶対にしない」と表明したことから、学会の反省を受け入れることを述べられた。

そして、同年五月三日の創価学会第四十回本部総会において、日達上人は学会問題を収束されたのである。

その後、池田は昭和五十五年四月二日付の『聖教新聞』紙上に、「恩師の二十三回忌に思う」と題する所感を発表し、

「近年の宗門との問題が昭和四十七年、正本堂建立以降の、学会の広布第二章の進み方の基調と、そのうえで、私が展開した昭和五十二年の一連の指導に、発端の因があったことは事実であります」（該紙）

と、五十二年路線の学会問題の責任を認め、反省の意を示したのである。

学会問題の責任者として
記者団に頭をさげる池田

② 第二次学会問題

【『学会要綱』の主張】

「一九九〇年になると、宗門は、創価学会員が支払う御開扉料（参拝料）や食事代などの登山費をはじめ、御本尊下付や塔婆・永代供養等の冥加料（布施）を一方的に大幅に値上げするなど、さらに供養集めを図るとともに、創価学会の破壊工作まで画策するようになった。そして、創価学会が会合でベートーベン作曲・交響曲第九番の『歓喜の歌』を用いたことに対して、『外道礼讃』であり『謗法』であると攻撃してきた。揚げ句に、同年十二月二十七日に日蓮正宗宗規を改定し、池田先生の法華講総講頭を罷免したのである。その間、創価学会は折あるごとに、僧俗差別や腐敗堕落した体質を改めるように要望し対話を求めたが、宗門が対話に応じることはなかった」（一四六ジペー）

『学会要綱』では、平成二年から三年にかけて生じた学会問題を「第二次宗門事件」などと称している。昭和五十二年路線における第一次学会問題を収束された日達上人は、昭和五十四年七月二十二日、安祥として遷化され、同日、第六十七世日顕上人が登座された。

日顕上人は、日達上人が学会問題を収束された路線を引き継がれた。

昭和五十五年四月二日、名誉会長となった池田は、前述の「恩師の二十三回忌に思う」のなかで、

「もとより、日蓮正宗総本山を離れて、創価学会は、永久にありえないのであります。信仰の根本は、本門戒壇の大御本尊であり、創価学会は、それを民衆に知らしめる折伏の団体である」（『聖教新聞』昭和五五年四月二日付）

「私なりの立場から、広布に身を捧げ、御宗門の外護に尽忠させていただくことを、ここに、大御本尊にお誓いするものであります」（同）

と述べるなど、過去の教義逸脱を反省し、日蓮正宗の信徒としての基本を守っていくことを誓っていたのである。こうしたことから日顕上人は、昭和五十九年一月二日、池田を法華講総講頭に再任された。

ところが、大石寺開創七百年を迎えた平成二年になると、池田による宗門軽視の発言があり、また同年七月の東京常泉寺における宗門と学会との連絡会議の席上、学会は御法主上人・宗門を一方的に批判し席を立つという出来事があった。

『学会要綱』では、

「創価学会の破壊工作まで画策するようになった」(一四六ページ)

と、当時宗門に学会破壊工作の動きがあったように述べているが、そのような事実は全くなかった。

一方で、平成二年十一月十六日、池田は第三十五回本部幹部会において、宗門に反旗を翻(ひるがえ)す決定的な発言を行ったのである。それは、

「猊下というものは信徒の幸福を考えなきゃあいけない。権力じゃありません」

「全然、また難しい教義、聞いたって解んないんだ。誰も解らないんだ、ドイツ語聞いているみたいにね。それで『俺偉いんだ。お前ども、信徒ども、信者、信者』って。そんなのありませんよ、この時代に」(大日蓮号外 平成三年一月二五日二〇ページ)

という御法主上人および宗門・僧侶の軽視・蔑視の発言と、昭和五十五年の創価学会創立五十周年当時のことについての、

「五〇周年、敗北の最中だ。裏切られ、たたかれ、私は会長を辞めさせられ、ね。もう宗門から散々やられ」(同二三ページ)

という昭和五十二年路線の無反省を露呈した発言である。このことについて『学会要綱』

では一切触れていない。

同年十二月十三日、宗門は学会との連絡会議の席上、池田の十一・一六のスピーチについて「お尋ね」の文書を学会に提出したが、学会は「出所不明のテープを元にした文書は受け取れない」と受け取りを拒絶して席を立った。そこで宗門は「お尋ね」文書を学会に送付したが、学会は「お尋ね」に全く回答せず、かえって事実無根の事柄を含む「お伺い」なる不遜な文書をもって御法主上人や宗門を誹謗してきた。

こうした流れがあって、平成二年十二月二十七日の臨時宗会で、総講頭・大講頭の任期についての日蓮正宗宗規の一部改正がなされ、池田は総講頭の資格を喪失した。『学会要綱』では宗門が、

> 「池田先生の法華講総講頭を罷免した」（一四六ページ）

というが、この時、池田のほか学会幹部十二名と法華講幹部二名も改正に伴って大講頭の資格を喪失したのであり、真摯（しんし）な反省があれば再任もあり得たのである。

翌平成三年初頭から、学会は『聖教新聞』紙上で公（おおやけ）に宗門批判のキャンペーンを開始し、

その後、全国の会員を扇動して、総本山や各末寺、僧侶に対して暴力的な誹謗中傷をエスカレートさせ、対話とはほど遠い状況を学会自体が作っていたのである。

そうした経緯により、同年十一月七日に日蓮正宗は創価学会に対して「解散勧告書」を送付した。これは、学会が〝日蓮正宗の仏法の本義〟〝宗教法人設立時の三原則〟〝昭和五十二年路線の反省・誓約〟にことごとく違背しているので、日蓮正宗の信徒団体である創価学会を自主的に解散するよう勧告したものである。この解散勧告に対して、学会は強硬に反発し、御法主上人並びに宗門に対してますます悪質な誹謗中傷を重ねた。

宗門はこれ以上、大謗法団体と化した学会を本宗の信徒団体として放置しておくことはできないと判断し、十一月二十八日、「破門通告書」を送付し、宗教法人創価学会を破門に付したのである。

『学会要綱』では歴史を改竄(かいざん)し、牧口氏・戸田氏が作り上げた日蓮正宗信徒団体としての創価学会と、池田という誤った指導者によって謗法団体となった創価学会とが同じであるかのように装っているが、その実体は全く異なっている。設立当初の目的を失った創価学会は、一刻も早く解散すべきである。

おわりに

創価学会は、今回の『学会要綱』によって従来の重要教義を大幅に変更した。そのあまりにも杜撰な内容に、学会内部からも疑問や批判の声が上がるほどである。果てしない矛盾のスパイラルに陥った学会は、今後も本尊や教義の改変を重ねていくに違いない。そして、日蓮大聖人の仏法とはさらにかけ離れた集団になっていくことは必至である。

創価学会が、いかに「御書根本」「大聖人直結」を騙ろうとも、自らが信仰の根本としてきた本門戒壇の大御本尊と唯授一人の血脈に背き、さらには大聖人以来、七百数十年にわたり本宗が守り伝えてきた、謗法厳誡の精神、化儀・化法のすべてを捨てた以上、大聖人が、

「背く在家出家共の輩は非法の衆たるべきなり」（『身延山付嘱書』御書一六七五㌻）

と仰せられた、「非法の衆」であることは明らかである。

日蓮正宗は、宗祖日蓮大聖人を久遠元初の御本仏・本因妙の教主と仰ぎ奉り、大聖人

の出世の本懐たる本門戒壇の大御本尊を信仰の根本とし、大聖人・日興上人以来の金口(こんく)嫡々(ちゃくちゃく)・唯授一人の血脈相承をもって正法を伝持して現在に至るのである。これは未来永劫(えいごう)変わることはない。

日蓮大聖人の正法を広宣流布し、一切衆生を救済する唯一の宗旨は日蓮正宗のみである。

以上

『創価学会教学要綱』の欺瞞を破す
―教義改変の実体―

令和六年十一月二十八日　発行
令和七年二月七日　第三刷

編集　日蓮正宗宗務院
発行　㈱大日蓮出版
静岡県富士宮市上条五四六番地の一
印刷　㈱きうちいんさつ

ISBN 978-4-910458-25-0